JULIA

UND DER

HAI

Kiran Millwood Hargrave
illustriert von *Tom de Freston*

JULIA
UND DER
HAI

Loewe

978-3-7432-1377-7
1. Auflage 2023
erschienen unter dem Originaltitel *Julia and the Shark*
© 2021 Hodder & Stroughton Limited
Text copyright © Kiran Millwood Hargrave
Illustrationen copyright © Tom de Freston
Für die deutschsprachige Ausgabe © 2023 Loewe Verlag GmbH,
Bühlstraße 4, D-95463 Bindlach
Aus dem Englischen übersetzt von Alexandra Ernst
Umschlag- und Innenillustrationen: Tom de Freston
Umschlaggestaltung: Johanna Mühlbauer
Redaktion: Simona Herzig
Printed in the EU

www.loewe-verlag.de

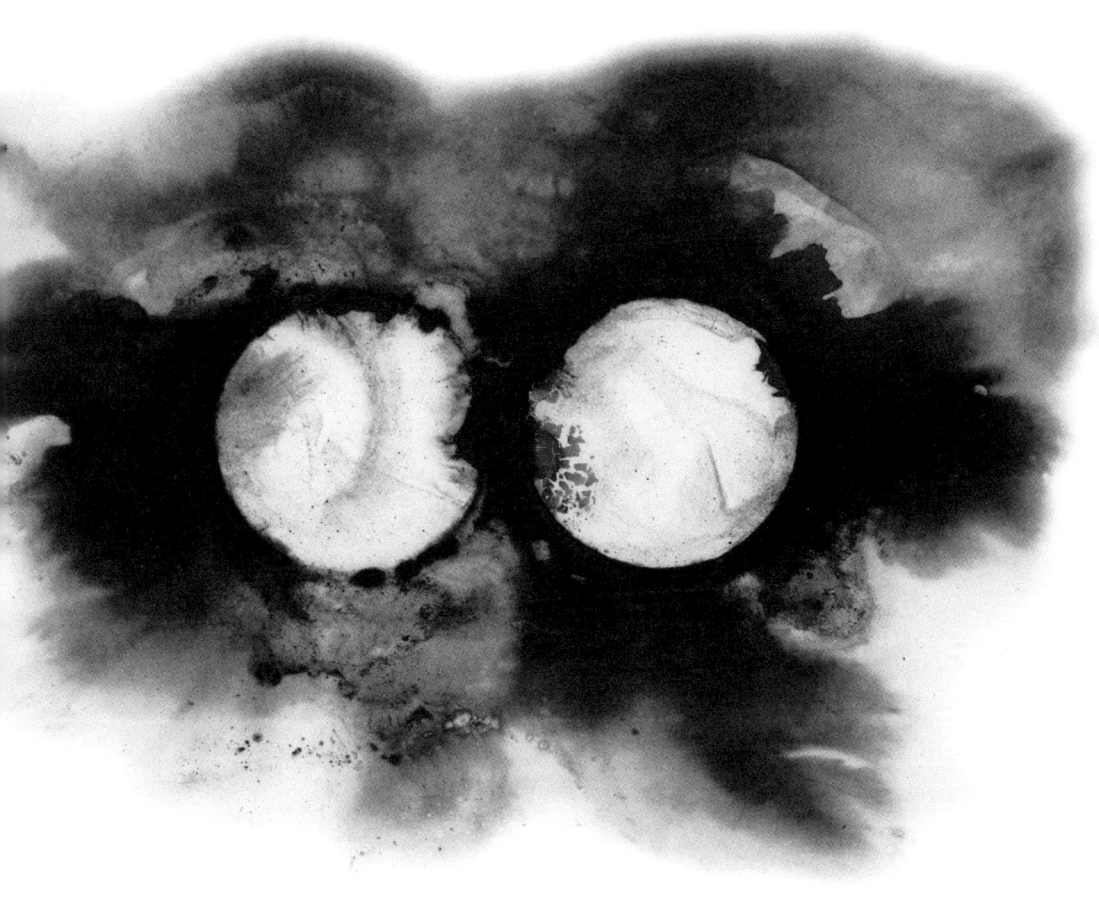

Für Rosemary & Lavender,
die alles möglich gemacht haben,
was danach kommt.

EINS

Das Meer birgt mehr Geheimnisse als der Himmel. Wenn das Wasser ganz still ist und die Sterne die Oberfläche durchbohren, fallen einige Geheimnisse des Himmels ins Meer, erzählte mir Mum. Und schon gibt es dort noch mehr Geheimnisse. Als wir im Leuchtturm wohnten, habe ich das Krabbennetz mit dem langen Stiel über das Geländer gehalten und versucht, die Geheimnisse zu fangen, aber ich habe kein einziges erwischt.

In anderen Nächten rissen Stürme die Welt aus den Fugen, schleuderten Wasser und Himmel gegeneinander, sodass die Gischt der Wellen bis zum Leuchtfeuer hochpeitschte. Die Gischt drang durch das Gitter vor den hohen Fenstern und ergoss sich auf den Boden von Dads Büro. Morgens lauschte ich den Pfützen, aber sie erzählten mir nichts. Keine Botschaften waren aus den Wolken gefallen. Vielleicht ertranken die Geheimnisse nachts, wie ein Fisch auf dem Trockenen.

Ich heiße Julia. Dies ist die Geschichte jenes Sommers, in dem ich meine Mum verlor und einen Hai fand, der älter als die Bäume war. Keine Sorge, das Ende der Geschichte verrate ich noch nicht.

Ich bin nach meiner Großmutter benannt, die ich nie kennengelernt habe, und auch nach einem Computerprogramm, das meinem Vater gefällt. Ich bin zehn Jahre und zweihundertdrei Tage alt. Ich musste meinen Dad bitten, das für mich auszurechnen, weil ich mit Zahlen nicht viel anfangen kann. Mit Worten schon. Man kann aus Zahlen Worte machen, aber aus Worten keine Zahlen. Deswegen haben Worte viel mehr Macht, finde ich.

Dad ist nicht meiner Meinung. Er arbeitet ständig mit Zahlen. Und genau deshalb sind wir in diesem alten Leuchtturm auf den Shetlandinseln gelandet. Dad sollte ein Computerprogramm schreiben, damit das Leuchtfeuer automatisch an- und ausgeht. Früher hat ein Leuchtturmwärter hier gelebt und das Feuer bestand aus Gas und Funken, nicht aus einer Wolfram-Glühbirne mit tausend Watt. Gas und Funken, genau wie Sterne.

Von hier aus ist der Weg nach Norwegen kürzer als der nach England, sogar kürzer als der nach Edinburgh. Um die Shetlandinseln auf der Karte zu finden, muss man von Hayle aus – das ist in Cornwall, wo wir leben – mit dem Finger schräg nach rechts oben fahren, bis man auf Inseln trifft, die sich wie Tintenflecken auf dem Meer verteilen. Das sind die Orkneyinseln. Fährt man weiter, kommt man wieder zu Tintenflecken. Shetland. Es ist ein Archipel, also eine Gruppe von Inseln. Und wir fuhren zu der mit dem Namen Unst.

Unst, Shetland, Schottland.

Die Leute hier nehmen sich sehr viel Zeit, um »Schottland«

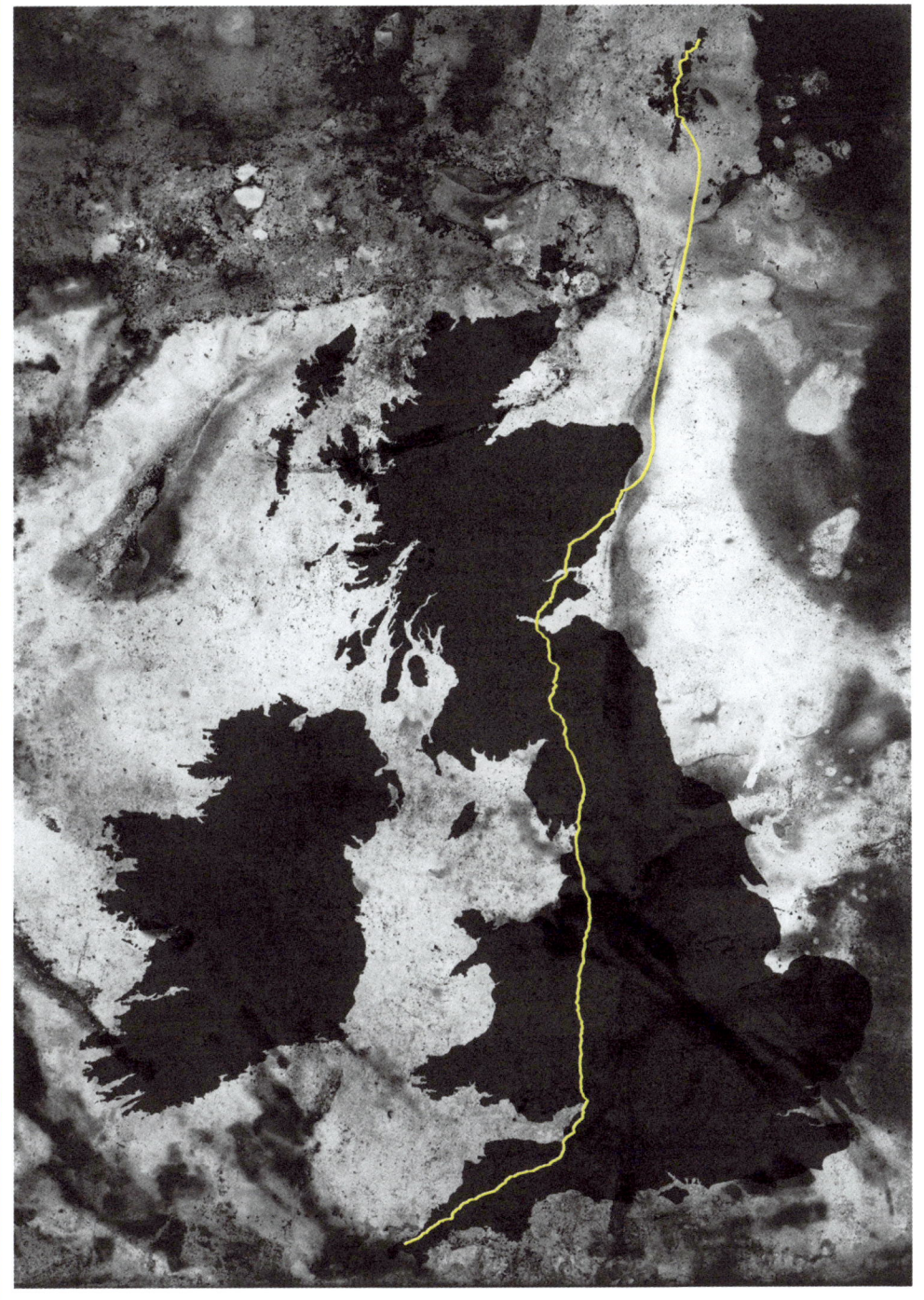

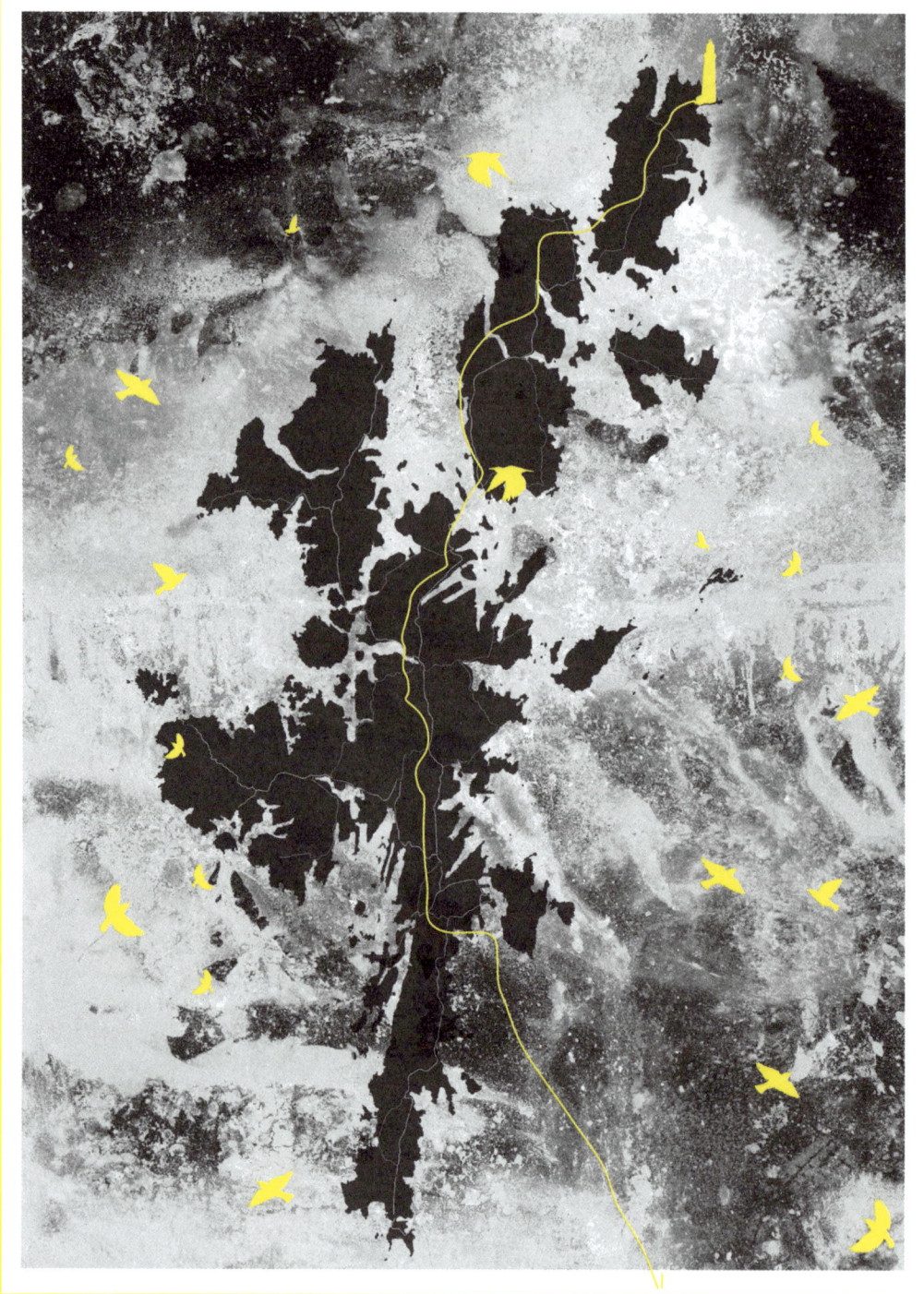

auszusprechen, als hätte das Wort viel mehr Buchstaben. Das ist noch so eine Sache, die ich an Wörtern mag: In ihnen ist so viel Platz. Sie verändern sich, je nachdem, aus wessen Mund sie kommen. In meinem verändern sie sich manchmal so sehr, dass sie zu etwas völlig anderem werden, etwas, das Dad »Lügen« nennt.

In Zahlen ist kein Platz für so was. Selbst die »Sprache« der Zahlen, mit der mein Dad arbeitet, heißt »Binärcode«. Wenn man »binär« im Lexikon nachschlägt, steht da:

Adj. »zweiteilig, in zwei Teile zerfallend«.

Zwei Teile. Richtig und falsch. Wahrheit und Lüge. Etwas anderes gibt es darin nicht.

Mum arbeitet auch mit Zahlen, aber Wörter sind ihre Lieblinge. Sie ist Wissenschaftlerin und da braucht man beides. Zahlen helfen einem, die Dinge nicht aus den Augen zu verlieren, aber nur mit Worten kann man sie erklären.

In Cornwall hat sie eine bestimmte Algenart erforscht, mit der man giftige Chemikalien aus dem Wasser filtern und eines Tages vielleicht sogar Kunststoff zersetzen kann. Hast du schon mal Bilder von Meeresschildkröten gesehen, die sich über und über in Plastikmüll verheddert haben? Ich schon und ich kriege sie nicht mehr aus dem Kopf. Ich wünschte, ich könnte sie vergessen, aber vielleicht ist es ganz gut, dass es mir nicht gelingt. Es ist ja nicht so, dass solche Dinge verschwinden, bloß weil man die Augen davor verschließt.

Als man Dad den Job auf den Shetlandinseln anbot, schlug Mum vor, dass wir alle gemeinsam den Sommer dort verbringen.

Denn obwohl die Algenarbeit wichtig und gut für die Schildkröten ist, würde sie auf Unst den Lebewesen nahekommen, die sie wirklich erforschen wollte: den größten Tieren, die in den kältesten Meeresregionen leben.

An der Universität hatte sie Walforschung betrieben und einen sehr langen Aufsatz über einen Wal verfasst, der ganz allein durch die Weltmeere schwimmt, weil er auf einer anderen Frequenz singt als seine Artgenossen. Er kann sie hören, sie ihn aber nicht. Nachdem Mum krank wurde, fühlte ich mich manchmal so einsam und allein, wie sich dieser Wal gefühlt haben musste, so als würde ich innerlich schreien. Die ganze Zeit. Aber Mums Lieblingstier war kein Wal, sondern ein Hai. Ein Grönlandhai. Und weil es ihr Lieblingstier war, wurde es in diesem Sommer auch meins.

Mir gefällt an Worten, dass sie sanfter sind als Zahlen. Wenn mir an der Wahrheit nichts liegen würde, könnte ich dir jetzt weismachen, dass alles so ist, wie es früher war. Wenn ich dir in Zahlen erzählen würde, was mit meiner Mum passiert ist, würde ich behaupten, die wichtigste Zahl an ihr sei jetzt die 93875400, denn diese Zahl steht auf ihrem Krankenblatt unten an ihrem Bett. Aber 93875400 sagt gar nichts über meine Mum aus. Das können nur Worte. Und selbst die schaffen es nicht immer.

Ich verliere den Faden. Das ist das Problem mit Worten und das ist zugleich das Gute an ihnen. Sie haben so viele Bedeutungen und jedes Wort hat so viele Zweige, so viele Wurzeln, und wenn man den Weg nicht genau kennt, kann man sich verirren wie

Rotkäppchen im Wald. Deshalb hole ich ein bisschen weiter aus. Ich darf nicht vergessen, wo ich hinwill.

Nämlich zu Mum.

Die Reise zu den Shetlands dauerte vier Tage. Das ist länger, als man braucht, um nach Australien auf der anderen Seite der Welt und wieder zurück zu fliegen. Und zwar zweimal. Ich hätte nicht gedacht, dass es heutzutage so lange dauert, um irgendwo hinzukommen. Schließlich haben wir Flugzeuge und Hochgeschwindigkeitszüge. Aber wir mussten mit dem Auto fahren, weil die Bücher zu schwer für den Transport mit dem Flugzeug waren. Und weil Nudel, unsere Katze, so viel Lärm macht, konnten wir auch nicht den Zug nehmen.

Sie heißt Nudel, weil sie früher so klein war, dass sie in die leeren Fünf-Minuten-Terrinen passte, die Dad immer zu Mittag isst. Mum wäscht sie aus und zieht darin kleine Tomatenpflanzen, weil sie es hasst, Plastik wegzuwerfen. Du hast vielleicht schon gehört, dass Piraten früher Schiffskatzen hatten, und Nudel ist so eine Schiffskatze. Wenn Mum sie in Cornwall zu den Algenfarmen mitnahm, saß sie immer vorn im Boot und fauchte das Meer an.

Nudel zu Hause zurückzulassen, kam überhaupt nicht infrage. Also kauften wir eine spezielle Transportbox, die eigentlich für Hunde gedacht war und fast den gesamten Rücksitz einnahm, sodass ich kaum Platz hatte und gegen die Autotür gequetscht wurde, mit kleinen Tomaten-Topfpflanzen zwischen den Füßen. Dad hatte verschiedene Etagen in die Kiste eingebaut, damit Nudel

herumklettern konnte, und eine kleine Hütte mit ihrem Katzenklo darin, sodass sie in Ruhe ihr Geschäft erledigen konnte.

»Ich hoffe, sie kackt nicht ins Klo«, sagte Mum. »Es stinkt,
wenn sie kackt.«

»Es stinkt immer, wenn jemand kackt«, warf Dad ein.

Tut mir leid, dass es in dem ersten Gespräch meiner Eltern, das
du zu hören bekommst, um Kacke geht.

Nudel war viel zu sehr damit beschäftigt, aus voller Kehle zu
miauen, als das Katzenklo aufzusuchen. Katzen haben diese ganz
besondere Superkraft, ihr Pipi echt lange einhalten zu können. In
dieser Beziehung sind sie ganz anders als Menschen (und nicht
nur in dieser). Wir haben unheimlich oft angehalten, um Pinkel-
pausen zu machen und damit Mum und Dad sich beim Fahren
abwechseln konnten. Sie haben ein Hörbuch eingelegt, *Mein
Freund, der Wasserdrache* von Dick King-Smith. Es war sehr traurig und irgendwann haben wir alle geweint.

Ich habe unsere Reise in dem Straßenatlas verfolgt, den meine
Eltern nicht mehr benutzen, seit wir ein Navi haben. Karten sind
aber viel interessanter als Displays, finde ich. Sie zeigen dir das
ganze Bild und Straßen sehen darauf aus wie Adern oder Flüsse.

Die erste Nacht verbrachten wir in einer Pension in den West
Midlands, bei einem pingeligen Ehepaar, das zwar Hunde in
seinem Haus erlaubte, aber keine Katzen. Als wir ankamen, war
es zu spät, um eine andere Unterkunft zu suchen, und so blieb
Dad bei Nudel im Auto, während ich mit Mum in dem großen
Bett schlief. Es war ein Wasserbett, was offenbar früher sehr
modern gewesen war.

»Als würde man im Bauch eines Wals schlafen«, sagte Mum

und drehte sich auf die Seite. »Dieses ganze Murmeln und Gurgeln.«

»Glaubst du?«

»Ich weiß es. Ich habe schon gehört, wie es im Inneren eines Wals zugeht. Einer hat mal unseren Transmitter verschluckt, mit dem wir den Walgesang aufnehmen wollten. Da drin war es lauter als die Meeresbrandung.« Ihre Atmung wurde ganz ruhig, wie immer, wenn sie über das Meer sprach.

»Freust du dich auf die Wale auf den Shetlandinseln?«

»Ja.« Ich hörte das Lächeln in ihrer Stimme. »Dort gibt es so viele Arten. *Balaenoptera musculus. Physeter macrocephalus, Monodon monoceros, Delphinapterus leucas.*«

»Blauwale, Pottwale, Narwale und Belugas«, ratterte ich herunter und übersetzte die lateinischen Begriffe in Worte, die ich aussprechen konnte. »Klingt wie für dich gemacht.«

»Ja. Und für dich. Das wird der allerbeste Sommer.«

»Kriegen wir auch Otter zu sehen?«

»Unwahrscheinlich, aber nicht unmöglich.« Mum beantwortete Fragen niemals einfach nur mit »Ja« oder »Nein«. Sie war Wissenschaftlerin und das bedeutete, dass sie immer einen gewissen Spielraum für das Unmögliche ließ. »Ich werde übrigens weiter nach Norden fahren, in das Nordmeer vor Norwegen. Ich habe gehört, dass dort ein Grönlandhai gesichtet wurde.«

Ich hoffte auf eine Geschichte, eine Geschichte über den Grönlandhai. Seit ich klein war, erzählt sie mir von Meereslebewesen und ich sammle ihre Erzählungen in dem kleinen gelben Notizbuch mit dem Gänseblümchen auf dem Einband, habe sie zusammengefügt wie Perlen an einer Halskette – jeder Bericht und

9

jede Information glänzend und kostbar. Aber sie gähnte wieder, und da sie keine komplizierten Wörter mehr benutzte, wusste ich, dass Mum gleich einschlafen würde.

Ich rollte mich auf die Seite. Alles, was ich sehen konnte, waren ihre Zähne, die im Dunkeln schimmerten, als ob der Rest ihres Gesichts nicht mehr da wäre. Ich streckte die Hand aus und berührte es, um ganz sicherzugehen. Ich erinnere mich noch immer an ihr Gesicht in jener Nacht, daran, wie es sich unter meinen Fingerspitzen anfühlte. Wörter können nämlich auch durch die Zeit reisen.

Weil uns die Pension zu muffelig war, blieben wir nicht zum Frühstück. Dad war mies gelaunt, denn Nudel hatte doch gekackt und jetzt roch sein Schlafanzug nach Kacke. Mum hängte seinen Schlafanzug aus dem Autofenster und kurbelte es dann nach oben, damit er nicht wegflog. Aber er entwischte auf der M5, kurz vor Birmingham, und geriet unter die Räder eines Lasters. Mum und Dad stritten sich. Wir fuhren bis zur M6 Richtung Manchester, dann über die M62 an Manchester vorbei und wieder zurück auf die M6.

M5, M6, M62 – die Straßennamen waren ziemlich langweilig. Es wäre viel schöner, wenn sie Namen hätten wie in Büchern: »Elbenpfad«, »Winkelgasse« oder »Gelbe Pflastersteinstraße«. Das hätte diesen Teil der Autofahrt viel interessanter gemacht, sowohl für dich als auch für mich.

ZWEI

»Die da?«

Wir saßen in unserem Auto am Kai von Gutcher, einem Dorf auf der Insel Yell, und betrachteten die winzige Fähre, die uns nach Unst bringen sollte.

Wir waren ungefähr Tausend Meilen gefahren und es hatte über zwölf Stunden gedauert, bis uns die Fähre von Aberdeen nach Lerwick gebracht hatte, einer Stadt auf Mainland, der Hauptinsel der Shetlands. Wenn du auf der Karte nachschaust, siehst du vermutlich nur einen kleinen Fleck, aber es ist der größte Fleck der Shetlandinseln, weshalb die Fähren vom Festland hier anlegen.

Was ich bislang von den Shetlandinseln gesehen hatte, war sehr grün und sehr nass. Die Wolken hingen so tief, dass ich glaubte, sie berühren zu können. Dad war steif aus dem Wagen gestiegen, als wir angehalten hatten, und jetzt machte er diese Froschsprünge, mit denen er sich auch zu Hause vor dem Computer alle zwanzig Minuten Bewegung verschafft. Ich rutschte auf meinem Sitz ganz nach unten, aber glücklicherweise war niemand in meinem Alter in der Nähe.

»Sausage Roll?« Mum drehte sich auf ihrem Sitz um und hielt mir ein Würstchen im Teigmantel hin. Sie hatte eine Dose so groß wie ein Farbeimer auf dem Schoß. Sie meinte, es sei besser, Großpackungen zu kaufen, wenn es schon unbedingt Plastik sein müsse. Sie mag diese billigen Würstchen mit dem trockenen Teig, die innen entweder ganz rosa oder ganz grau sind und bei denen man hin und wieder auf einen kleinen, festen Klumpen beißt, den man am besten ausspuckt. Dad behauptet, dass sie aus dem ganzen Fleischabfall gemacht werden, den die Metzger nicht mehr verkaufen können. Er rührt sie nicht an.

Ich nahm eins, während Mum sich auf ihrem Sitz ausstreckte. Ihr Nacken knackte. Normalerweise war sie ständig in Bewegung, draußen im Freien. Sie hatte einen schweren gelben Regenmantel wie ihn auch Arbeiter auf Ölplattformen tragen, und damit ging sie bei jedem Wetter raus. Auch wenn sie am Laptop arbeitete, tat sie das meist im Stehen.

»Der Grönlandhai«, sagte ich.

»Hmm?«, gab Mum mit vollem Mund zurück.

»Du hast mir vom Grönlandhai erzählt. Meinst du, du findest einen?«

Mum kaute nachdenklich und schaute dann auf ihre Armbanduhr. »Wollen wir uns ein bisschen die Beine vertreten?«

»Wenn wir uns dabei möglichst weit von Dad fernhalten.«

Jetzt schwang er seine Arme von einer Seite zur anderen, sodass er mit den Händen auf seine Beine und seinen Hintern

klatschte. Ich hörte sogar durch den böigen Wind, wie er diese kleinen, schnaufenden Geräusche von sich gab. Mum grunzte vor Lachen. »Einverstanden.«

Wir stiegen aus und Mum holte unsere Jacken aus dem Kofferraum. Meine ist rot und zusammen mit ihrer gelben und der grünen von Dad sehen wir aus wie eine Ampel.

Der Wind trieb uns in Richtung einer kleinen, klatschnassen Bank auf dem steinernen Anleger. Mum ließ sich auf die Sitzfläche plumpsen. Ihr macht es nichts aus, nass zu werden, schließlich ist sie Meeresbiologin.

»Wie geht's dir so, meine Juli?«

»Prima.«

»Es war eine lange Reise«, sagte sie.

»Ich weiß«, erwiderte ich. »Ich war dabei.«

Sie schaute zu mir und tat so, als würde sie überrascht zusammenzucken. »Tatsächlich!«

Ich kicherte. »Der Grönlandhai, Mum.«

»*Somniosus microcephalus.*«

»Ich habe auf Dads Smartphone etwas über ihn gelesen.«

»Du hattest hier oben Netz?«

»Da stand, dass einer sogar fünfhundertsiebzehn Jahre alt wurde.«

Mum schüttelte den Kopf.

»Stimmt das nicht?«

»Es ist nicht bewiesen. Es könnte stimmen, aber man hat nie einen gefunden, der so alt war. Ich glaube, der älteste war ungefähr vierhundert.«

Ich starrte sie an. »Vierhundert Jahre?«

»Ja.« Mum machte das oft: Sie erzählte einem die erstaunlichsten Tatsachen ganz gelassen, als würde sie eine Einkaufsliste vorlesen. Sie ging mit ihrem Wissen so selbstverständlich durch die Welt wie mit ihrem gelben Regenmantel. »Wirklich bewiesen ist das nicht«, erklärte Mum. »Normalerweise kann man das Alter von Haien ganz einfach bestimmen. Ihre Knochen haben Wachstumsringe, wie Bäume. Aber die Knochen von Grönlandhaien sind zu weich dafür. Deshalb hat man das Alter anhand der Kristalle in den Augen geschätzt.«

Mein Gehirn fühlte sich an, als würde es gedehnt, und ich nahm mir fest vor, diese Informationen in mein gelbes Buch zu schreiben. »Das ist doch irre!«

Mum zuckte zusammen. Sie hasste dieses Wort. Sie sagte immer, dass Leute, die man für irre hielt, oft einfach nur missverstanden wurden. »Es ist clever.«

»Wie kann man so alt werden?«

»Grönlandhaie sind langsam«, sagte sie. Der Wind wehte ihr die Haare ins Gesicht, aber sie schob die Strähnen nicht weg. Daran erinnere ich mich noch: dass sie ihre Haare offen trug, obwohl sie sie normalerweise zurückband. An diesem Tag verbargen die Haare ihr halbes Gesicht und ich fand, sie sah aus wie eine märchenhafte Seherin, die eine Prophezeiung ausspricht.

»Langsam?« Ich rümpfte die Nase. »Na und?«

»Sie bewegen sich langsam und sie altern langsam. In gewisser Weise tricksen sie die Zeit aus. Sie wachsen einen Zentimeter pro Jahr. Das ist etwa so viel.« Sie hob die Hand und schob Daumen und Zeigefinger so nah zusammen, dass sie sich beinahe berührten. »Aber das weißt du natürlich. Wie auch immer, das ist nicht viel.«

14

»Meinst du, ich werde lange leben, obwohl ich so schnell wachse?«

Mum lachte und zog mich in eine Umarmung. Sie roch nach dem Gummi, aus dem ihre Jacke bestand, nach frischer Luft und nach Würstchen im Teigmantel. »Aber klar doch.«

»Mu-um.« Ich tat so, als wollte ich mich aus ihrer Umarmung befreien, aber im Grunde machte es mir nichts aus. Das Horn der Fähre ertönte, und nachdem alle Autos an Bord waren, sackte sie ziemlich tief ins Wasser. Ich versuchte, nicht hinzuschauen, sondern holte mein gelbes Notizbuch heraus, um meine Angst, wir könnten sinken, zu verdrängen. Ich schlug eine leere Seite auf, schrieb »Grönlandhai« ganz oben hin und notierte dann, was Mum über Kristalle und weiche Knochen erzählt hatte.

Geschichte ist nicht mein Lieblingsfach, aber ich konnte mir ausrechnen, dass der Hai schon gelebt hatte, bevor Napoleon geboren worden war, sogar noch vor Mozart, den wir in Miss Braimers Musikunterricht durchgenommen hatten. Und Napoleon und Mozart lebten vor sehr, sehr langer Zeit.

Der Ort Belmont tauchte aus dem grauen Meer und den grauen Wolken auf, niedrige graue Gebäude, die sich an die Küste kauerten. Grau macht mir nichts aus. Meine Lieblingstiere – außer Nudel natürlich – sind die grauen Kegelrobben. Trotzdem wurde mir ein bisschen schwer ums Herz, weil ich das sonnige Cornwall gegen das verregnete Unst eintauschen musste, und sei es auch nur für einen Sommer.

Wir fuhren wieder mit dem Auto und waren ziemlich still, sogar Nudel. Ich fragte mich, ob sie ähnlich empfand wie ich. Es gab nur eine einzige Straße, die aus der Stadt herausführte. Die anderen

Autos bogen alle ab, bis nur noch zwei vor uns waren. Aber auch die fuhren nach rechts, als wir am Ende der Straße die linke Abzweigung nahmen, so wie es auf der ausgedruckten Wegbeschreibung stand, die Dad von seinen Auftraggebern bekommen hatte. Es gab keine Hinweisschilder und die Straße wurde immer holpriger und holpriger.

Der Regen auf dem Autodach klang wie klopfende Finger, wie Dad, der mit den Fingerspitzen auf seinen Schreibtisch trommelt, wenn er auf eine E-Mail wartet. Mum hatte ihr Fenster immer noch offen und ich roch den Regen – eine Mischung aus Schlamm und Gras.

»Bist du sicher, dass das der richtige Weg ist?«, fragte Dad.

»Es gibt keinen anderen Weg«, sagte Mum und wedelte mit dem Blatt Papier in ihrer Hand. »Hier steht: die Straße entlang, die aus Belmont herausführt, an der Gabelung links, bis zum Uffle-Gent-Leuchtturm.«

Ja, du hast richtig gehört. Uffle-Gent. Der einzige andere Leuchtturm in der Gegend heißt Muckle Flugga, es hätte also deutlich schlimmer kommen können.

Das Land stieg allmählich an und unser Auto rauschte höher, höher, höher. Als wir oben angekommen waren, kurbelte Mum

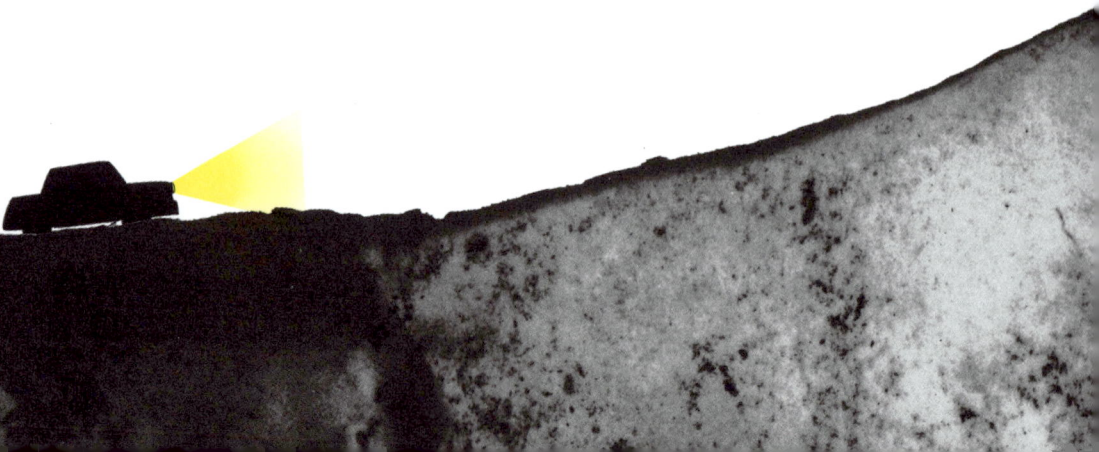

ihr Fenster herunter, steckte den Kopf hinaus und stieß einen Jubelschrei aus.

»Guckt mal! Juli! Dan!«

Sie tat, als ob wir ihn übersehen könnten, aber das war unmöglich. Oben auf dem Hügel wurde die Straße flacher und mündete in einen ungepflegten, unbefestigten Platz, eine Art Einfahrt. Und am anderen Ende des Platzes, direkt an der Klippe, vor der sich ein weiter und bewegter Ozean erstreckte, ragte ein runder schwarz-weißer Turm in die Höhe.

Uffle-Gent. Unser Leuchtturm.

Ich konnte nachvollziehen, warum so viele Geschichten in Leucht-
türmen spielten. An einem solchen Ort locken Abenteuer, noch
bevor man überhaupt hineingeht. Eine Leiter führte am Turm hinauf, der direkte Weg zum Licht. Um die Spitze verlief ein Geländer, damit man nicht von der Plattform stürzte. Und dort
oben, hinter einem Gitterkäfig, befand sich die große Lampe. Am
Fuß des Leuchtturms wucherten Brennnesseln und Stechginster,
die Dad erst einmal herausreißen musste, um den Schlüssel zu
finden. Er fluchte ausgiebig und Mum meckerte ihn nicht einmal
an, denn sie war viel zu sehr damit beschäftigt, das Meer zu be-
trachten. Schließlich fand Dad den Schlüssel unter einem alten
Blecheimer, der halb mit Regenwasser gefüllt war. Vorsichtig hob
er ihn auf und wischte sich die Finger an den Jeans ab. Dad ist
nämlich ziemlich pingelig.

Drinnen war es sehr düster und eng, und als ich hineinging,
schlug mein Herz einen Purzelbaum. Man konnte das ganze Erdgeschoss mit nur zehn Schritten durchqueren, in Dads Fall sogar
mit sechs. Das winzige Badezimmer war direkt neben der Küche
und zwischen Klo und Badewanne hatte man kaum Platz, um
sich umzudrehen.

Die Möbel, die noch von dem letzten Leuchtturmwärter stamm-
ten, wirkten allesamt irgendwie unglücklich. Die Wände waren
rund, die Möbel eckig, es passte nichts zusammen und überall
ragten Kanten hervor und blockierten Türen, wie bei einem
Wrack. Die Feuchtigkeit drang selbst durch diese dicken Mauern
und dunkle Flecken zogen sich an den Wänden empor. Überall
roch es nach Meer.

Die Treppe wendelte sich nach oben wie eine Achterbahn.

Ich ließ Nudel aus ihrer Kiste und sie rannte gleich die Stufen hoch. Wir hörten sie den ganzen Weg hinauf miauen.

»Das wird ein Abenteuer«, sagte Dad.

»Und zwar ein großes«, ergänzte Mum.

Dad breitete die Arme aus und umarmte uns, sodass ich zwischen den beiden fast zerquetscht wurde.

»Lasst mich raus!«

Sie lachten und küssten sich, ich stieß ein »Igitt!« aus und folgte Nudel die Treppe hoch.

Die Wände fühlten sich feucht an und das ständige Kreiseln machte mich schwindelig. Über dem Erdgeschoss gab es noch drei weitere Etagen, alle mit Holzböden, die von mächtigen Stahlträgern gehalten wurden. Auf der ersten befanden sich ein Doppelbett und ein Schreibtisch, sodass kaum Platz war, um sich irgendwo hinzustellen.

Ich ging weiter. Auf der nächsten Etage stand ein Einzelbett, bezogen mit miefiger Gänseblümchen-Bettwäsche, und eine blaue Lampe auf einem hölzernen Nachttisch. Mein Zimmer. Es war ganz anders als zu Hause, wo die Wände wie das Meer bemalt waren und auf den Regalen Muscheln lagen. Meine Unterlippe zitterte. Es ist bloß für einen Sommer, dachte ich entschlossen. So lange, wie es dauert, von England nach Kanada zu segeln. Lange, aber nicht ein Leben lang. Und dann würde ich wieder zu Hause bei Shabs, Matty und Nell sein. Ich ging in den Raum und ließ mich aufs Bett fallen. Das Bettzeug war feucht.

Miauuuuu.

Nudel rief von oben nach mir. Wenn sie sich so benimmt, muss man hingehen und nachsehen, was sie will, andernfalls gibt sie keine Ruhe. Das nächste Stockwerk lag direkt unter dem Leucht-feuer. Von hier aus konnte ich den Glaszylinder sehen, der über mir auf Metallstreben thronte. Ich stellte mir vor, wie Dad sich hier mit seinem Laptop einrichtete und seine peinlichen Dehn-übungen machte, während er versuchte, ein Programm für die automatische Schaltung des Lichts zu entwickeln.

Nach vier Tagen Autofahrt waren meine Beine so weich wie Gelee, und als ich oben ankam, keuchte ich vor Anstrengung. Nudel kratzte an einer roten Tür, in deren Schloss ein verroste-ter Schlüssel steckte. Weder das Meer noch der Wind waren zu hören. Die Tür musste fast so dick wie die Mauer sein.

»Mum!«, rief ich nach unten.

Ihre Stimme schraubte sich zu mir hoch. »Ja?«

»Kann ich nach draußen gehen?«

Meine Finger umfassten den Schlüssel schon, aber ich lauschte noch ihrer gezischten Diskussion. Offenbar war Dad dagegen.

»Ja!«, rief Mum nach einer Weile.

»Sei vorsichtig!«, fügte Dad hinzu.

Ich drehte den Schlüssel und drückte gegen die Tür. Die Tür-kante schabte über den Boden wie Fingernägel auf einer Schiefer-tafel, ohne sich wirklich zu bewegen. Ich stemmte mich mit meiner Schulter dagegen und drückte mit aller Kraft.

Sie öffnete sich, wurde plötzlich vom Wind gepackt und schwang auf. Langsam kämpfte ich mich nach draußen auf die Metallplattform. Wind und Wetter verpassten mir kleine Klapse auf die Wangen, verwandelten meine Haare in peitschende Schlangen, die zuckend nach meinem Gesicht schnappten. Meine Augen brannten, bis sie tränten.

Ich wischte sie mit dem
Ärmel trocken und das Erste,
was ich sah, war nicht das Meer oder
die Klippe, nicht das riesige Leuchtfeuer in
dem Metallkäfig.
Das Erste, was ich sah, war ein Junge, der an
dem Geländer lehnte.

DREI

Der Junge hatte offenbar aufs Meer hinausgeblickt und nicht mit Gesellschaft gerechnet. Er war ein bisschen kleiner als ich, mit dichten schwarzen Haaren, die ihm um die Ohren geweht wurden. Mehr als das konnte ich nicht erkennen, denn als ich den Mund aufmachte, um »Hallo« zu sagen oder »Oh« oder »Was machst du denn hier?«, schwang er sich über das Geländer und verschwand.

Ich dachte schon, er wäre gesprungen oder gar nicht da gewesen. Mein Herz wurde in meiner Brust ganz glitschig und schwappte vor Panik hin und her. Aber als ich mich über das Geländer beugte und nach unten blickte, sah ich ihn: Er lag weder blutüberströmt im Gras, noch wurde er blasser wie ein Geist. Vielmehr rutschte er an der rostigen Leiter nach unten, die Hände durch dicke Handschuhe vor der rauen Oberfläche geschützt. Es sah aus wie eine Action-Szene aus einem Film.

Er landete in einer Superhelden-Hocke, zog ein Fahrrad aus

dem Gestrüpp aus hohem Gras und Dornenranken, sprang auf und radelte blitzschnell an unserem Auto vorbei und dann die Straße entlang, die wir von der Fähre aus genommen hatten. Er hielt nicht an, blickte auch nicht zurück. Ich sah ihm nach, bis seine braune Jacke mit der grünen Umgebung verschwamm.

»Julia?«

Mum stand hinter mir und hielt sich mit einer Hand die Locken fest, damit sie ihr nicht ins Gesicht peitschten. Ihr gelber Regenmantel blähte sich auf.

Ich weiß auch nicht, warum ich ihr nichts von dem Jungen erzählte. Wahrscheinlich, weil es in diesem Moment keine Bedeutung hatte, denn sie streckte die Hand nach mir aus und führte mich zur Meerseite der Plattform.

»Da drüben liegen die Orkneyinseln«, sagte sie und deutete in die Richtung. »Und dort ist Grönland.« Sie zeigte in eine andere Richtung. »Da ist Norwegen. Und dort entlang geht es zum Nordpol.«

»Und wo geht es nach Hause?«

Sie grinste mich an und stach mir ihren Zeigefinger sanft in die Brust. »Genau da. Wo immer du bist, unsere Julia.«

»Mu-um.«

Aber sie war in einer ihrer albernen Stimmungen, kniete sich hinter mich, nahm meine Hände, breitete meine Arme aus und sang das kitschige Lied aus dem Film, in dem dieses Schiff untergeht und fast alle Leute sterben. Dann stand plötzlich Dad hinter ihr und sie sangen gemeinsam. Nudel stand im Türrahmen und beäugte uns, als ob wir verrückt geworden wären. Ich konnte es ihr nicht verdenken.

Wir brauchten nicht lange zum Auspacken. Als unsere alten Wanderschuhe und die nagelneuen Gummistiefel – grüne für Dad, blaue für Mum und gelbe mit Gänseblümchen für mich – neben der Tür aufgereiht waren und die Tomatenpflanzen auf der hohen, schmalen Fensterbank in der Küche Platz gefunden hatten, fühlte es sich schon eher wie zu Hause an. Mum suchte auf ihrem Smartphone Musik aus und goss mir ein großes Glas Orangenlimo ein.

Solange ich nicht zu viel an zu Hause dachte, fand ich es hier gar nicht so schlecht. Und dann war da ja noch dieser rätselhafte Junge, über den ich nachgrübeln konnte. Ich ging nach draußen, während Mum und Dad sich wegen des Katzenstreus stritten, das Nudel still und heimlich im ganzen Auto verteilt hatte. Es gab anscheinend keinen Staubsauger in den winzigen Schränken und Mum fing an, das Streu mit den Händen aus dem Wagen zu schaufeln. Dad faselte entsetzt etwas von Keimen, und während die beiden über mikrobakterielle Infektionen diskutierten und dass man durch Katzenkot erblinden kann, ging ich zum Fuß der Leiter, über die der Junge entkommen war. Im Gras suchte ich nach Hinweisen, während Nudel sich hinsetzte und mir zuschaute.

Es war überall nass und morastig und ich entdeckte den Fußabdruck eines Turnschuhs, der ein wenig kleiner war als meiner. Ich schob ein Büschel lila Blüten vorsichtig auseinander und darunter fand ich …

»Ein Schatz.« Ich hielt ihn Nudel hin, damit sie sich den Schatz anschauen konnte.

Es war ein Stück rot-goldene Schnur. Beide Stränge waren um-

einandergewickelt. Die Schnur war mit einem Knoten zusammengeknüpft und direkt daneben gerissen. Die Enden waren ausgefranst und lösten sich. Vielleicht wäre dir die Schnur nicht wie ein Schatz vorgekommen, aber ich hatte so ein Gefühl, weshalb ich sie einsteckte, bevor ich wieder hineinging.

An diesem Abend wurde es erst sehr spät dunkel. Wir waren jetzt so viel weiter im Norden, was bedeutete, dass auch die Sonne länger schien. Dad kochte Schraubennudeln mit klumpiger Tomatensoße und viel geriebenem Käse obendrauf.

Wir saßen um den kleinen, blank geschrubbten Tisch herum, dessen Oberfläche durch die unzähligen Ellbogen glatt poliert war, und ich dachte an unser Haus in Hayle, das meine Eltern für den ganzen Sommer an Forscher der Universität von Plymouth vermietet hatten. Der Gedanke an diese fremden Leute, die an unserem Tisch saßen und unsere Messer, Gabeln und Mums Servietten mit dem Haifischmuster benutzten, kam mir komisch vor.

Nudel hockte unter dem Tisch und aß ihr Lieblingsfutter, Thunfisch in Öl. Ein ziemlicher Luxus. Ich weiß nicht, wie das Zeug schmeckt, weil Dad es nur für Nudel kauft. Außerdem mag ich Thunfisch nicht besonders, denn einmal hat Mum eine Zeitschrift liegen gelassen, und ich las darin einen Artikel über Netze, mit denen Thunfische gefangen werden und in denen viele Meereslebewesen, die wir nicht einmal essen, den Tod finden. Sogar Delfine. Und obwohl es vielleicht dem Thunfisch gegenüber unfair ist, habe ich nicht so große Probleme damit, dass er auch in dem Netz gefangen wird.

Katzen ist so was natürlich egal. Nudel würde wahrscheinlich auch einen Delfin fressen, wenn er in ihr Maul passen würde.

Als wir fertig waren, spülten Mum und ich das Geschirr, während Dad versuchte, den winzigen, würfelartigen Fernseher auf der Küchenarbeitsplatte zum Leben zu erwecken. Zu Hause haben wir keinen Fernseher, daher war selbst dieses prähistorische Gerät eine kleine Sensation. Dafür gab es hier weder einen Geschirrspüler noch eine Waschmaschine.

»Wie kriegen wir denn unsere Sachen sauber?«, wollte ich wissen.

»Im Ort ist ein Waschsalon«, antwortete Mum. »Aber fürs Erste können wir Dads Unterhosen in der Spüle auswaschen, meinst du nicht?«

»Igitt!«

Die Spüle war ebenfalls winzig und aus Emaille und es passte immer nur ein Teller hinein. Ich trocknete das Geschirr ab, das Mum mir reichte, und räumte es gleich weg.

»Die Leute, die früher hier lebten, waren bestimmt superordentlich«, sagte ich.

»Der Mann«, verbesserte mich Mum. »Der Leuchtturmwärter lebte hier allein.«

Ich dachte an das Einzelzimmer mit dem geblümten Bettzeug und fragte mich, ob er manchmal Besuch bekommen hatte. »Nicht mal mit einer Katze?«

Etwas klapperte und Dad fluchte, gefolgt von »Tschuldigung! 50 Pence!«, was hieß, dass er 50 Pence in unser »Fluchglas« stecken würde. Eigentlich haben meine Eltern aufgehört, Münzen hineinzutun, seit ich letzten Sommer nachgezählt habe und auf 32,50 Pfund kam. Ich darf das Geld nämlich behalten und Mum meinte, das wäre unlautere Geschäftemacherei.

»Habe ich da gerade weitere 50 Pence gehört, Liebling?«, rief Mum.

»Nein, Liebling«, erwiderte Dad. »Aber es wäre hilfreich, wenn du die Fernbedienung suchen würdest.«

Stattdessen spielten wir *Ludo*.

VIER

Mum brauchte nur einen Abend, um sich einzugewöhnen. Vielleicht lag es daran, dass sie es liebte, auf dem Meer zu sein, das sich ständig unter einem verändert und wo man nie das gleiche Wasser unter sich hat. Vielleicht fühlte sie sich deshalb immer zu Hause, egal, wo sie war. Das war der Grund, warum Dad sie als »selbstsicher« bezeichnete und ich sie »gaga« nannte. Aber es kümmerte sie nicht, was andere Leute über sie dachten.

Als sie ihren gelben Pullover anzog, ihre gelbe wasserdichte Hose und ihre gelbe Regenjacke, um zusammen mit mir zum ersten Mal ins Dorf zu gehen, war es ihr völlig egal, dass sie aussah wie eine Banane auf Wanderschaft. Ich dagegen hätte mir gewünscht, unsere Nachbarn nicht unbedingt in Begleitung einer Mensch gewordenen Frucht kennenzulernen.

»Wohin als Erstes?«, fragte mich Mum fröhlich grinsend. »Zu den Läden? Oder zu den Läden?«

»Zu den Läden.«

»Guter Plan, Batman«, sagte Mum und riss das Steuer an der Weggabelung nach links. Ich knirschte mit den Zähnen und kniff die Augen zu. Sie fuhr sehr schnell.

Innerhalb weniger Minuten waren wir im Dorf, das sich an der Küste entlangzog. Die Häuser waren quadratisch und niedrig gebaut, wie unsere Küche weiß getüncht, mit grauen Schieferdächern und gelben oder roten Türen. Sie erinnerten mich an die Möwen, die nebeneinander auf dem steinernen Anleger hockten.

Mum parkte am Straßenrand vor einem Laden mit der Aufschrift GINLEY'S, vor dem draußen Obst und Gemüse in Kisten angeboten wurden und drinnen Angelruten und Spaten.

»Wir könnten nach einer Fernbedienung fragen«, schlug Mum vor, »und dabei gleich ein paar Äpfel kaufen.«

»Wir haben Äpfel«, sagte ich und dachte an die volle Obstschale, die auf dem viel zu kleinen Tisch stand.

»Aber dort *gibt* es Äpfel. Komm, lass uns eine Fernbedienung und ein paar Äpfel kaufen. Einfach, weil wir es können.«

Mum plädierte immer dafür, den Augenblick zu genießen. Das liebte ich an ihr.

Es waren kaum Leute unterwegs, aber die wenigen, die an uns vorbeigingen, verstummten und musterten uns. Es waren keine unfreundlichen Blicke, vielmehr neugierige, aber trotzdem fing es unter dem Kragen meiner Jacke an zu kribbeln. Mum winkte ihnen fröhlich zu, während wir in den Laden gingen, und sie winkten zurück. Ich schob die Hände in meine Taschen und hielt den Blick auf meine Füße gerichtet.

Die Ladentür stieß beim Öffnen gegen eine Glocke, die oben am Türrahmen hing, wie in Mrs. Goulds Geschäft in Hayle. Ich fühlte mich wieder ein bisschen mehr wie zu Hause, obwohl es in Ginley's Laden ganz anders aussah als bei Mrs. Gould, wo es geblümte Schürzen und Porzellanfische gab, nichts, was man wirklich braucht. Bei Ginley's wurden Kraftkleber und Seilrollen verkauft, Schokoladentafeln und Mehlwurmköder. Nützliche Sachen. Mir gefiel der Laden.

»Hallo«, sagte eine fröhliche Stimme mit einem starken schottischen Akzent. Du weißt doch noch, was ich über den Raum in Wörtern gesagt habe, nicht wahr? In Akzenten gibt es nicht nur Räume, sondern ganze Häuser. Der Mann hinter dem Tresen hatte einen weißen Bart und seine Haut auf der Nase und den Wangen war knallrot. Sie wirkte so poliert wie Stiefel, die man gerne trägt. Als er mich anlächelte, verschwanden seine blauen Augen fast vollständig.

»Ihr seid neu«, stellte er fest. »Im Leuchtturm?«

»Mein Mann arbeitet dort«, sagte Mum. »Ich bin Maura; ich werde mit dem norwegischen Schiff rausfahren.«

»Mit der *Floe*?« Er rieb sich mit dem Daumen über seine rote Stirn. »Hübsches Schiff. Auf der Suche nach Walen?«

»Und nach anderen Dingen«, sagte Mum und tätschelte dabei meine Schulter. »Das ist Julia.«

»Nett, dich kennenzulernen, Julia. Ich bin Gin.«

Er sprach das G wie in »Gegend« aus, nicht wie in »Gin«, den Mum gerne trinkt.

»Ich habe einen Enkel in deinem Alter. Adrian. Er liegt noch im Bett, aber wenn du später wiederkommst, mache ich euch bekannt. Womit kann ich euch helfen?«

Mum erklärte die Sache mit der Fernbedienung, während ich an

der Reihe mit den Süßigkeitengläsern vorbeischlenderte. Es gab ganze Mahlzeiten aus Fruchtgummi: Hotdogs und Hamburger, sogar ein Frühstück mit Speck und Eiern und Toastbrot. Aber ich wusste, dass es keinen Sinn hatte, Mum zu bitten, mir etwas davon zu kaufen. Sie mochte einzeln verpackte Süßigkeiten nicht, weshalb sie auch von Fruchtgummis immer die Großpackung kaufte, was mir nur recht war.

»Fernbedienung und Äpfel – erledigt!« Mum stand hinter mir und grinste breit, die Einkäufe in ihren Armen. »Gin hat mir gesagt, wo die Bücherei ist.«

»Bis bald, Maura und Julia«, sagte Gin und nickte uns zum Abschied zu, während Mum versuchte, die Tür mit dem Ellbogen zu öffnen, und dabei die Äpfel fallen ließ.

»Sag Dad nichts davon«, bat sie, während sie die Früchte aufhob und in die Tragetasche legte, die ich ihr geholt hatte. »Sonst kriegt er wieder einen Anfall wegen Keimen und Bakterien.«

Sie blies den Staub von einem Apfel und biss herzhaft hinein, kaute und hielt ihn mir hin. Ich schüttelte den Kopf. Was Hygiene angeht, stehe ich irgendwo zwischen Mum und Dad. Ich würde einen Apfel nicht einfach so vom Boden aufheben und essen, ohne ihn zu waschen. Aber Mum kam mir immer irgendwie unbesiegbar vor. Oder zumindest schien sie Besseres zu tun zu haben, als sich über so etwas Gedanken zu machen. Sie warf die Äpfel und die Fernbedienung in den Kofferraum und nahm eine leere Tüte heraus.

»Wollen wir in die Bücherei? Wir hätten Dads Unterhosen mitnehmen sollen.«

Ich schnaubte. »Wie bitte?«

Sie biss wieder in den Apfel und sagte mit vollem Mund: »Der Waschsalon ist gleichzeitig die Bücherei. Komm mit.«

Wir überquerten die Straße und gingen in Richtung Meer, vorbei an einem Fish-&-Chips-Imbiss und einem Kiosk, bis zur Bücherei mit Waschsalon, der wir es zu verdanken hatten, dass wir Dads Unterwäsche nicht in der Spüle einweichen mussten.

Ich blickte durch das große Schaufenster. In allen Waschmaschinen drehten sich die Trommeln, rundherum und rundherum, und ich sah weder Bücher noch Kunden, nur ein gelangweilt wirkendes Mädchen hinter dem Tresen.

Es war älter als ich, vielleicht fünfzehn, und hübsch. Das ellenlange, dicke schwarze Haar trug es in einem Zopf, den es über eine Schulter gelegt hatte. In seiner Nase hatte es einen goldenen Ring, der vor seiner braunen Haut glänzte. Es blickte auf. Ich nickte ihm zu – sehr erwachsen, wie ich hoffte –, und es zog eine seiner perfekten Augenbrauen hoch und nickte ebenfalls. Ich fühlte mich auf einmal sehr cool.

»Da sind wir!«, sagte Mum und zog mich in den Waschsalon. Meine Coolness löste sich in Luft auf, als ich über meine Schnürsenkel stolperte. Hier drin war die Luft so feucht wie in einem Gewächshaus und ich fing sofort an zu schwitzen.

Mum ging beschwingten Schrittes zu dem Mädchen. »Hallo! Ich bin Maura und das ist Julia. Wir würden gerne den Büchereidienst in Anspruch nehmen.«

Wieder wanderte die Augenbraue des Mädchens nach oben, aber es lächelte und wies mit einer Kopfbewegung zu einem kleinen Raum hinter sich. »Da drin.«

»Danke …«

»Neeta«, sagte das Mädchen.

»Danke, Neeta!«

Ich gab mir Mühe, nicht noch einmal über meine Schnürsenkel zu stolpern, als wir uns an dem Mädchen vorbei in den winzigen Raum schoben, der bis zur Decke mit Büchern bestückt war. Auf dem Boden lag ein grüner Teppich in Form einer Raupe, der wie ein Rasen aussah, und eine doppelflügelige Tür führte zu einem kleinen Innenhof, wo eine Frau mit ebenfalls perfekten Augenbrauen in einem verblassten Winnie-Puuh-T-Shirt saß. Sie las ein Buch, auf dessen Einband ein großer Mann eine kleine Frau hielt, die in Ohnmacht fiel und gleichzeitig einen Schmollmund zog. Sie bemerkte uns nicht, also war das Buch wohl ziemlich gut.

Die Kinderbuchabteilung war vergleichsweise groß und umfasste die unteren vier Regalböden, von einem Ende bis zum anderen. Es gab die üblichen Reihen: *Wells & Wong*, *Drachenzähmen leicht gemacht*, *Kleine Prinzessin* und *Fünf Freunde*. Es gab auch viele Bücher, die neuer aussahen und bei denen die Buchrücken kaum Risse hatten. Ich nahm mir eins davon aus dem Regal.

»Das ist gut.«

Ich zuckte zusammen und drehte mich um.

»Hier drüben«, sagte die Stimme und jetzt sah ich, dass die beiden Bücherregale in der gegenüberliegenden Ecke eine kleine Lücke ließen. Um eins der Bücherregale spähte ein Gesicht mit braunen Augen und sehr langen Wimpern.

»Du!«, sagte ich, obwohl ich nicht viel von ihm erkennen konnte. »Der Junge vom Leuchtturm!«

»Pst!« Er bedeutete mir mit einer Kopfbewegung, näher zu kommen. Ich rutschte auf den Knien ein Stück zu ihm hin. »Das ist meine Mum.« Er wies zu der Frau, die draußen im Hof saß und in das Buch mit der ohnmächtigen Dame vertieft war. »Sie weiß nicht, dass ich zum Leuchtturm gehe. Sie sagt, es sei zu gefährlich.«

»Ist es auch, wenn man die Leiter so runterrutscht wie du.«

»Pst!«, machte er wieder und warf seiner Mum einen nervösen Blick zu. Sie wirkte gar nicht streng mit ihren großen braunen Augen und dem Winnie-Puuh-T-Shirt.

»Du hast das hier verloren«, sagte ich und holte das rot-goldene Band aus meiner Hosentasche.

»Mein *Rakhi*!«

»Dein – was?«

»Mein *Rakhi*. Das ist ein Armband, das mir meine Schwester geschenkt hat.« Den letzten Teil murmelte er, als ob es ihm peinlich wäre.

»Das ist sehr nett von ihr. War es ein Geburtstagsgeschenk?«

»Nein, das machen wir so. Schwestern schenken ihren Brüdern ein Stück Schnur, dafür kaufen Brüder ihren Schwestern etwas. Nicht besonders fair, finde ich.«

»Es ist eine sehr hübsche Schnur«, sagte ich.

»Na ja, die hier ist jedenfalls kaputt, deshalb muss ich sie ins Meer werfen. Hat ja lange genug gedauert. Es war so blöd, dass ich sie in der Schule tragen musste.«

»Wieso?«

»Ein paar Jungs …« Er zuckte mit den Schultern. »Sie finden, dass Jungs keine Armbänder tragen. Aber es ist ein *Rakhi* und …«

Er verstummte, als ob er sich zwischen Verlegenheit und Stolz

34

nicht entscheiden könnte. Und wenn ich meine Mutter so betrachtete, die als wandelnde Banane verkleidet war, ahnte ich, wie es in ihm aussah.

»Darf ich mitkommen?«

Er quetschte sich aus der Lücke heraus. Er war kleiner als ich, genau wie ich es von unserer kurzen Begegnung auf dem Leuchtturm in Erinnerung hatte, und dünn, mit sehr langen Fingern. Seine Locken kringelten sich und standen an den Ohren leicht ab. »Klar.«

»Ich bin Julia.«

»Kin.« Er schob die Hände in seine Hosentaschen. »Ma?«

Die Frau draußen im Hof machte »Hmm?«, ohne aufzublicken.

»Mein *Rakhi* ist kaputt. Kann ich runter zum Meer und es ins Wasser werfen?«

Jetzt hob sie den Blick. Ihre Augen zuckten von ihm zu der gerissenen Schnur und dann zu mir. »Komm aber gleich wieder, *Beta*.«

»Mum, nenn mich nicht so«, sagte der Junge und verlagerte sein Gewicht von einem Fuß auf den anderen.

»Nenn mich nicht Mum«, sagte seine Mum gelassen und blätterte eine Seite um.

»Alles klar, Ma.« Er verdrehte die Augen, mehr zu sich selbst als zu mir gewandt. Dann fragte er: »Willst du das ausleihen?«

Ich schaute auf das Buch in meiner Hand, das ich fast vergessen hatte. Ich schlug die erste Seite auf. Es ist ja offensichtlich, dass ich Bücher mag, aber nur, wenn gleich auf der ersten Seite etwas passiert. In diesem hier hob ein Flugzeug über einem Dschungel ab, und so schob ich es mir unter den Arm.

»Mum, ich gehe kurz mit Kin zum Anleger.«

»Alles klar«, meinte Mum, die in den Regalen stöberte. »Sei vorsichtig.«

Wir gingen in den Waschsalon, wo Neeta ein großes Buch unter dem Tresen hervorholte. »Hast du was gefunden?«

Ich hielt ihr das Exemplar hin.

»Wir gehen nur runter ans Ufer, um das hier ins Wasser zu werfen«, sagte Kin zu seiner Schwester und hielt das kaputte *Rakhi* in die Höhe.

»Du schuldest mir immer noch ein Geschenk«, sagte Neeta und nahm mir das Buch aus der Hand. »Ich trage es für dich ein.«

Wir überquerten die Straße zum Anleger. Die See war bewegt und blau, Bojen schaukelten sanft auf den Wellen wie Vögel. Wir lehnten uns gegen das Eisengeländer und Kin warf die Schnur ins Wasser.

»Das war's?«

»Ich habe mir dabei etwas gewünscht«, sagte Kin wie zur Verteidigung. Er setzte sich auf das Geländer und ließ die Beine über das Meer baumeln.

»Sei vorsichtig, *Beta*!« Die Stimme seiner Mutter hallte über die Straße und wie von der Tarantel gestochen sprang er vom Geländer und warf einen wütenden Blick über die Schulter. Seine und meine Mum standen vor dem Waschsalon. Keine von beiden schaute zu uns hin, aber Mütter haben sogar Augen im Hinterkopf.

»Ich habe ihr doch gesagt, dass sie mich nicht so nennen soll.«

»Warum macht sie es dann?«

»Es bedeutet ›Sohn‹.«

Ich runzelte die Stirn. »Du bist doch auch ihr Sohn.«

»Ja, aber das ist …« Er kaute auf seiner Unterlippe. »Ist ja auch egal. Es ist halt nicht mein Name.«

»Kin ist hübsch«, versicherte ich ihm, weil er sich sehr zu ärgern schien.

»Findest du?« Er konnte mir nicht in die Augen sehen. »Jedenfalls besser als mein richtiger Name.«

»Du heißt gar nicht Kin?«

»Du musst schwören, es niemandem zu sagen.«

»Sonst soll mir der kleine Finger abfallen«, versprach ich und wackelte damit. Er tippte mit seinem kleinen Finger gegen meinen, sah mich aber verwirrt an. »Das bedeutet, dass ich verspreche, nichts zu verraten«, erklärte ich.

»Ich heiße … Kinshuk.« Er erschauderte.

»Das gefällt mir.«

»Es heißt ›Blume‹.«

»Ich mag Blumen. Du nicht?«

»Schon«, sagte er langsam. »Aber die Jungs in der Schule sagen …«

»Die scheinen nicht besonders nett zu sein.«

»Sie sind ganz in Ordnung«, meinte Kin schulterzuckend. »Sie sind nur ein bisschen …«

Er verstummte und schaute zum Waschsalon. Unsere Mütter lachten gerade über irgendetwas. Der Wind trug Mums Schnauben zu mir herüber. »Ich sollte wieder heimgehen.«

»Meinst du, deine Mum erlaubt dir, uns im Leuchtturm zu besuchen?«

»Ich werde sie fragen«, antwortete Kin hoffnungsvoll.

»Komm mal her, Julia!«, rief Mum und wir gingen zum Waschsalon zurück. »Ich möchte dir Vedi vorstellen.«

Die Frau in dem Winnie-Puuh-T-Shirt lächelte. »Hier hast du dein Buch, Julia. Es ist ziemlich gut, nicht wahr, *Beta*?«

Kin nickte.

»Du kannst jederzeit wiederkommen«, fuhr Vedi fort. »Die Gemeinde sagt, wenn wir nicht genug Bücher verleihen, müssen wir dichtmachen.«

»Klar kommen wir wieder«, sagte Mum. »Ich muss doch die Unterhosen meines Mannes waschen!«

Ich winkte Kin zu und er winkte zurück. In meiner Brust erblühte eine kleine Blume. Vielleicht könnten wir Freunde werden und sei es auch nur für diesen Sommer.

Mum zog mich zu sich. »Wollen wir uns Fritten holen?«

FÜNF

»Wie gefällt dir Unst?«, fragte Mum mit vollem Mund. Ihre Beine baumelten über den Rand des Anlegers.

»Es ist ganz nett«, sagte ich und zog eine besonders knusprige Fritte von ganz unten aus der Tüte.

»›Nett‹ ist ein nichtssagendes Wort«, erklärte Mum. »Was hältst du wirklich von der Insel?«

Ich dachte nach, kaute und schluckte dann betont, als wollte ich meiner Mutter mit gutem Beispiel vorangehen. »Es ist freundlich hier. Es ist grau. Es ist still.«

»Das gilt nicht für die Möwen«, sagte Mum und beäugte die Vögel misstrauisch. Aber die hiesigen Möwen waren klein, mit gefleckten Rücken, anders als die riesigen Viecher mit den gelben Schnäbeln, die es in Cornwall gibt und die sich aus dem Himmel auf dich stürzen und Eis vom Teller klauen, ganze Fischfilets und einmal sogar Mrs. Goulds Chihuahua. »Aber diesmal hast du gute Worte gefunden. Ich würde noch ›salzig‹ ergänzen.«

»Das liegt an den Fritten.«

»Das liegt am Meer.«

»Aber der Ort ist nicht salzig.«

»Dann leck mal an der Wand«, forderte mich Mum auf und deutete auf das Haus hinter uns. »Ich wette mit dir um dein Fluchglas, dass sie salzig ist.«

Ich schaute hinaus aufs Meer und pustete auf eine Fritte, um sie abzukühlen. »Wie lange wird es dauern? Bis du den Grönlandhai gefunden hast, meine ich.«

»Nicht lange«, antwortete Mum voller Überzeugung. »Man hat ihn erst vor Kurzem gesichtet, relativ weit im Süden. Ich wäre nicht überrascht, wenn ich gleich bei meiner ersten Ausfahrt einen zu Gesicht bekäme.«

»Echt?«

»Fang bloß nicht so an wie dein Dad«, sagte Mum und bohrte mir einen Finger in die Rippen. Ich rieb mir die Stelle und fühlte mich schuldig, weil ich ihre Aussage infrage gestellt hatte. »Ich habe bloß zwei Monate Zeit, vergiss das nicht, also muss ich mich beeilen. Und das Schiff, mit dem ich hinausfahre, hat letztes Jahr einen verfolgt.«

»Geht's dabei wieder um diese Algen-Sache?«

»Nein«, sagte Mum. »Dabei geht's um deine Großmutter.«

»Um Grandma Penny?«

»Nein, um meine Mutter. Grandma Julia.«

Ich blinzelte. »Was hat sie denn mit einem Hai zu tun?«

Mum schnaubte und prustete dabei Salzkrümel auf ihre Jacke.

»Dein Dad würde behaupten, eine ganze Menge. Du weißt doch, dass sie an Demenz litt, nicht wahr? Ihr Gehirn geriet durcheinander und sie fing an, alles zu vergessen.«

Ich nickte, den Mund voll mit heißen Fritten. »Nells Grandma hat das auch. Zu unserem Abschlusskonzert am Ende des Schuljahrs ist sie in Pantoffeln aufgetaucht.«

»Bei Grandma Julia fing es schon in sehr jungen Jahren an. Frühform nennt man das.« Sie packte ihre gelbe Jacke so fest, dass ihre Fingerknöchel weiß wurden. »Sie war noch viel zu jung. Das hätte nicht passieren dürfen. Wenn es eine Möglichkeit gegeben hätte, den Verlauf zu verlangsamen, hätte sie länger leben können. Die Demenz war wie ein Flächenbrand. Sie verzehrte sie rasend schnell.«

Ihre Stimme klang gepresst, und ich klopfte leicht mit meinen Fingerknöcheln gegen ihre. Sie räusperte sich und lächelte mich an. Aber ich merkte, dass sie mit den Tränen kämpfte. »Grönlandhaie dagegen sind langsam. Sie bewegen sich so träge wie Gletscher. Deshalb leben sie so lange.«

Mir war klar, dass Mum wusste, wovon sie redete. Ihr Gehirn war in der Lage, große Sprünge zu machen und Punkte miteinander zu verbinden, von deren Existenz ich nicht einmal etwas geahnt hatte. Sie war ungeheuer clever.

»Was heißt das?«

»Das heißt …« Mums Stimme gewann an Kraft und ihre Augen waren wieder klar. »Sie bewegen sich so langsam, dass sie anscheinend tatsächlich die Zeit aufhalten können. Einige Forscher glauben, dass wir herausfinden könnten, woran das liegt, und so auch die Zeit für die Menschen langsamer machen.«

Das klang wie ausgedacht, wie aus einem Film. Doch Mum erzählte mir oft Dinge, die sich wie erfunden anhörten, aber trotzdem wahr waren. Diese Dinge schrieb ich dann in mein gelbes Buch. Ich habe eine Liste mit meinen allerliebsten unglaublichen Wahrheiten gemacht:

1. Der längste Gebirgszug der Erde befindet sich unter Wasser. Er heißt Mittelozeanischer Rücken. Ich finde, man hätte einen originelleren Namen wählen können. Er ist 65.000 Kilometer lang und weniger erforscht als die Oberfläche des Mars.

2. Der Pazifische Ozean ist größer als der Mond und hat mehr als 25.000 Inseln.

3. Es gibt mehr Sterne im Weltraum als Sandkörner an allen Stränden der Welt.

4. In einem einzigen Glas Wasser gibt es mehr Atome als man Gläser mit dem Wasser von allen Ozeanen auf der Welt füllen könnte.

5. Schildkröten atmen durch den Hintern.

Von Mum wusste ich auch, dass es schon Haie gegeben hatte, bevor die ersten Bäume auf der Erde wuchsen, weshalb sie bereits vorher auf der Liste der Merkwürdigkeiten standen. Aber jahrhundertealte Haie, die dafür sorgen konnten, dass die Zeit langsamer verging? Das war schon mehr als merkwürdig.

»Vielleicht«, sagte sie mit leiser Stimme, »funktioniert es ja.

Und man kann verhindern, dass andere Familien zu früh einen geliebten Menschen verlieren.«

Ich kuschelte mich an sie. Meine Freunde zu Hause fanden es komisch, dass ich meine Mum so sehr liebte, dass ich so stolz auf sie war. Aber du kannst das verstehen, nicht wahr?

Mum strich mir über den Kopf. »Tut mir leid. Ich hatte gar nicht vor, das alles auszusprechen. Worte eben, richtig? Ich hoffe nur, dass die Finanzierung klappt.«

»Dad könnte dir was leihen«, sagte ich und dachte daran, wie er in unserer Küche in Cornwall herumgetanzt war, aus lauter Freude darüber, wie viel ihm die Leute von der Leuchtturm-Firma bezahlten.

»Ha! Ich glaube nicht, dass er fünfzehn Millionen Pfund hat.«

Ich wäre beinahe vom Anleger gekippt. »Das ist verrückt!«

»Unmoralisch«, verbesserte mich Mum. »Aber so viel kostet diese Forschung. Doch bis zum Labor ist es noch ein weiter Weg. Erst mal muss ich die Haie finden und außerdem eine Möglichkeit, ihren Weg zu verfolgen. Dann können wir uns überlegen, wie ich die Zellen, die ich brauche, extrahieren kann.«

»Du … du bringst sie doch nicht um, oder?«

Mum starrte mich schockiert an. »Nein. Das würde ich nie tun. Genauso wenig, wie ich dich umbringen würde oder eine jahrhundertealte Eiche.«

Ich weiß, es klingt seltsam, dass sie mich mit einem Baum gleichsetzte, aber von jemandem wie Mum, die Bäume wirklich sehr liebt, war das ein Kompliment.

»Genau das ist teilweise der Grund dafür, warum die Sache so kompliziert ist«, fuhr Mum fort. »Aber die Theorie hat Hand und Fuß.« Sie spähte in die Frittentüte, um zu entscheiden, ob sie zu fettig war, um sie zu recyceln. Dann nickte sie zufrieden und steckte sie in ihre Jackentasche.

»Darf ich mitkommen?«, fragte ich.

»Wohin?«

»Auf das Schiff. Ich will dir helfen, den Hai zu finden.«

»Das würde deinem Dad nicht gefallen.«

»Na und?« Normalerweise kümmerte sich Mum nicht darum, was Dad dachte.

Sie zuckte mit den Schultern. »Vielleicht. Ich möchte die Leute erst mal kennenlernen. Und jetzt komm, mein Juwel, lassen wir es funkeln.« Das ist peinlicherweise ihre Version von Dads ebenso peinlichem »Satteln wir die Hühner«. Es bedeutet nichts anderes als »Gehen wir!«. Eltern sind auf den Shetlandinseln genauso unmöglich wie überall sonst.

Kraaatz.

Ich wachte auf, weil mir ein Schmerz durch die Zähne schoss, als würde ich Alufolie kauen. Das Geräusch klang auch metallisch, wie eine Klinge auf einer glatten Oberfläche. Ich schaute auf meine Seestern-Uhr: 2:30 Uhr.

Kraaatz.

Vielleicht war das bloß Einbildung.

Kraaatz.

»Nein«, sagte ich laut. »Keine Einbildung.«

Nudel krabbelte unter der Bettdecke hervor und sprang leicht-füßig zu Boden. Sie sträubte den Schwanz, bis er so buschig aus-

sah wie der eines Stinktiers. Dann ging sie in Lauerstellung und schlich zur Tür.

Ich nahm meine Taschenlampe und folgte ihr, während sich meine Gedanken überschlugen. Der kleine Lichtschein der Nachttischlampe reichte bis zur gegenüberliegenden Wand und ließ meinen Schatten monströs wirken, ebenso die Stufen, die sich nach oben und nach unten in die Dunkelheit erstreckten.

Kraaatz.

Mir war klar, dass ich Mum holen sollte. Was, wenn es ein Einbrecher war? Mein Herz hämmerte ängstlich.

Von oben miaute Nudel und ich zuckte zusammen. Die Härchen an meinen Armen stellten sich auf. Mich überlief ein Schauer, meine nackten Füße wurden auf den Holzstufen kalt. Ein leiseres Kratzen ertönte und ich wusste, dass Nudel versuchte, durch die Eisentür nach draußen zu kommen. Ich schlich ihr nach, die Muskeln angespannt, bereit zur Flucht.

Kraaatz.

Das Geräusch war hier lauter. Was immer es war, es befand sich auf der anderen Seite der Tür. Nudel wackelte mit dem Hintern, bereit, sich auf jedwede Bedrohung zu stürzen. Der Anblick des kleinen Tigers, der mich, ohne zu zögern, beschützen würde, machte mir Mut. Ich legte die Hand auf den Türknauf und holte mit der Taschenlampe aus. Sie war zwar mit Gummi ummantelt, aber sehr schwer. Es war ziemlich schmerzhaft gewesen, als ich sie einmal fallen gelassen und meinen Fuß getroffen hatte.

Ehe ich weiter darüber nachdenken konnte, öffnete ich die Tür und machte einen großen Schritt nach draußen. Nudel, die kleine pelzige Soldatin, folgte mir dicht auf den Fersen.

Hunderte Sterne hingen wie ein zarter Nebel an dem pechschwarzen Himmel. Der Mond schimmerte als Halbkreis aus Silberweiß. Und da, eingefangen vom Schein meiner Taschenlampe, stand …

»Kin?«

Der Schwung, mit dem ich durch die Tür gestürmt kam, trug mich weiter, sodass ich gegen ihn prallte. Dabei entglitt mir die Taschenlampe, fiel über das Geländer und landete mit einem dumpfen Aufprall unten im Gras.

»Au!« Er rieb sich die Stirn und ich bemerkte, dass er ein Seil in der Hand hielt. »Pass auf!«

»Pass auf?« Ich lachte ungläubig, während mir die Erleichterung gegen die Rippen pochte. »Was machst du hier?«

»Was ich immer in klaren Nächten tue«, sagte er. Nudel saß

im Türrahmen und beäugte Kin misstrauisch, wie sie es bei jedem Neuling tat. Kin beäugte seinerseits Nudel. »Gehört die euch?«

»Ja. Obwohl Dad immer sagt, dass wir eher ihr gehören, aber …« Kin musterte mich mit diesem leicht verschleierten Blick, der bewies, dass er »nicht einer von uns« war, wie Dad die Leute nennt, die nicht vollkommen vernarrt in Katzen sind. »Wie auch immer«, wechselte ich das Thema, »was machst du denn hier?«

»Ich versuche, mit dem Ding hier keinen Krach zu machen.«

Er zog »das Ding« weiter nach oben und holte es mit größter Sorgfalt über das Geländer. Meiner Meinung nach war das nicht nötig, nach dem ganzen Schaben und Kratzen, aber ich hielt meinen Mund, weil ich viel zu neugierig war, um was es sich handelte.

»Ein Teleskop?«

Er nickte stolz.

»Darf ich?«

Ich streckte die Hand aus. Das Teleskop war so groß wie Kin und sehr schwer, das sah ich gleich auf den ersten Blick. Drei dünne Metallbeine formten ein Stativ und das Okular war von weichem rotem Leder ummantelt. Das ganze Teleskop bestand aus glänzendem Messing, wie die Türgriffe in unserem Haus in Cornwall. Kin beugte sich über das Okular und drehte an den Rädern, die entlang des Teleskops angebracht waren. Nudel zog sich ins Innere des Leuchtturms zurück, aber ich blieb und schaute Kin zu.

»So«, sagte er und wich schüchtern lächelnd zurück.

»Schau.«

Ich beugte mich über das Teleskop. Glitzernder Staub war überall am dunklen Himmel verteilt, wie ausgeschüttet, und jetzt sah ich, dass der Himmel auch gar nicht schwarz war, sondern blau. Er schimmerte in allen möglichen Blautönen, von dem Blau des Ozeans an warmen Tagen bis zu der Farbe unserer Badezimmerdecke, die Mum gestrichen und mit goldenen fünfzackigen Sternen bemalt hatte.

Aber Sterne sehen ganz anders aus. Sie sind weiß und so hell wie das Magnesiumfeuer, das ich aus dem Chemieunterricht kenne. Sie bestehen ja tatsächlich aus Magnesiumfeuer und aus Tausenden anderen Gasen und Funken, wie früher das Feuer im Leuchtturm.

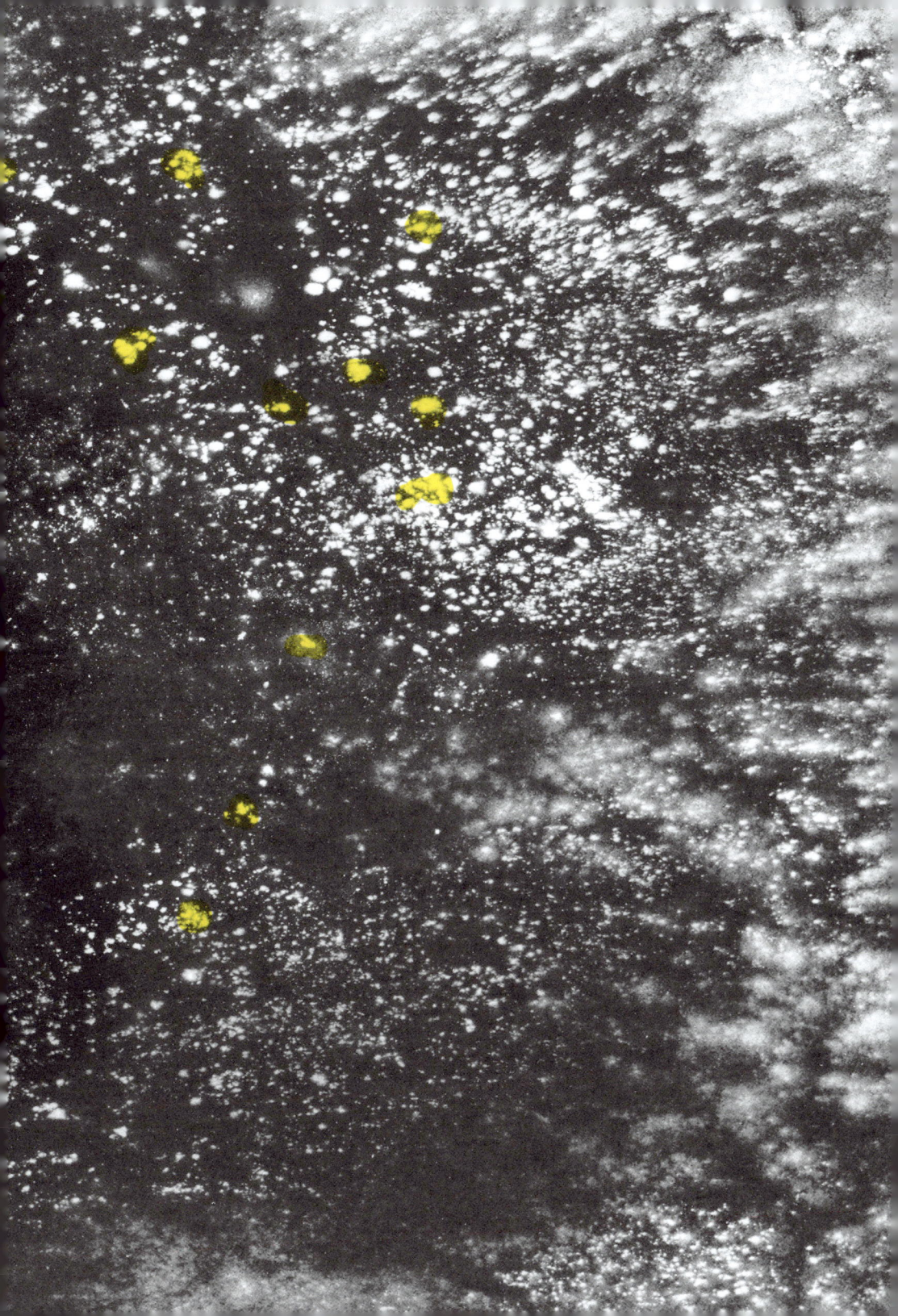

»Diese Sterne«, sagte Kin, »gibt es seit Millionen von Jahren. Millionen. Mein *Bapi* –« Er brach ab. »Mein Dad. Er sagt, dass sie älter sind als alles, was wir kennen, als alles, womit wir je in Berührung kommen werden. Manche von ihnen sind schon längst tot. Aber ihr Licht erreicht uns immer noch, weil sie so weit weg sind, dass es eine Ewigkeit unterwegs ist.«

»Tot?« Mit kritischer Miene blickte ich in den Himmel. Ich hatte noch nie etwas gesehen, was so lebendig wirkte. Wieder überkam mich dieses Gefühl, als würde sich mein Gehirn ausdehnen, wie jedes Mal, wenn Mum mir etwas sagte, das ich in mein gelbes Buch schreiben wollte. Aber ihre Informationen bezogen sich immer nur auf das Meer. Ich durfte den roten Faden nicht verlieren, wenn ich eine Meeresbiologin werden wollte wie Mum.

»Ja. Dad sagt, dass das Licht noch zu uns kommt, wenn wir schon längst gestorben sind.«

»Das ist … schön?« Aber in Wahrheit machte es mich ein bisschen traurig.

»Vergiss es«, murmelte er und war drauf und dran, das Teleskop wieder abzubauen.

»Warte«, sagte ich und streckte die Hand aus. »Ich verstehe, was du meinst.«

»Echt?« Er schaute mich nicht direkt an, sondern richtete den Blick ein Stück weit neben mein rechtes Ohr.

»Ja.«

»Das habe ich gehofft. Weil doch deine Mum eine Wissenschaftlerin ist und so.«

»Sie erforscht das Meer, nicht den Himmel«, sagte ich. »Aber

das ist genauso interessant. Interessanter sogar«, setzte ich aus Loyalität Mum gegenüber hinzu.

Kin rümpfte die Nase. »Interessanter als das?« Er deutete auf die Unendlichkeit der Nacht ringsum.

»Ich weiß«, sagte ich. »Aber *da*«, wandte ich ein und deutete auf das Meer, das murmelnd gegen die Felsen unter uns brandete, »liegen die wahren Geheimnisse. Wir wissen mehr über die Sterne als über Seesterne.«

Ich merkte, dass er mir nicht glaubte. Aber das war nicht schlimm. Mum meinte immer, das Wichtigste in der Wissenschaft ist das Zuhören und das Reden, denn es kann ständig passieren, dass die Ideen eines anderen die eigene Sichtweise verändern.

SECHS

Kin wollte sich mit mir im Waschsalon treffen.

»Heute sind nur Neeta und ich da.«

»Arbeitest du dort?«

Er schüttelte den Kopf. »Man kann sonst nirgends hin, seit die Gemeinde die Bücherei geschlossen und bei uns einquartiert hat.«

Ich fragte mich, warum wir nicht zum Strand gingen. Es gab dort ein paar Höhlen, die ich zu gerne erforscht hätte. Aber da Kin mich eingeladen hatte, wäre es unhöflich gewesen abzusagen. Mum hatte nichts dagegen, solange ich zum Abendessen wieder zu Hause war.

Ich steckte mir ein Schinken-Sandwich ein, holte mein Fahrrad aus dem stinkenden Bootshaus und radelte los. Das Fahren wurde einfacher, als ich die Strecke mit den Schlaglöchern hinter mir gelassen und die asphaltierte Straße erreicht hatte, die geradewegs in den Ort führte. Heute war dort genauso wenig los wie gestern. Kin meinte, viele der Kinder verbrächten die Sommerferien auf den größeren Inseln oder auf dem Festland. Aber seine Familie blieb immer hier, weil »der Waschsalon für die Einheimischen wichtig« war. Er machte ein stolzes Gesicht, als er das sagte. Vermutlich sah ich genauso aus, wenn ich über meine Mum sprach.

Gins Laden hatte geöffnet und er sortierte gerade Köder in die niedrigen Regale vor dem Schaufenster. Neben ihm stand ein gelangweilt aussehender Junge mit einer Kiste voller Dosen in den Händen. Wahrscheinlich Adrian, sein Enkel. Ich winkte Gin zu, obwohl er mir den Rücken zukehrte, und der Junge warf mir einen bösen Blick zu, woraufhin ich einen unbeabsichtigten Schlenker machte und schnell die Hand wieder auf den Lenker legte, damit ich nicht umfiel.

Neeta stand hinter dem Tresen, so wie gestern, und Kin saß obendrauf und ließ die Beine baumeln. Ich stieg ab, schloss mein Rad an einen Laternenpfahl und winkte durch das Schaufenster. Kin sprang vom Tresen und begrüßte mich an der Tür.

»Du bist gekommen«, sagte er. Er klang ein bisschen überrascht. »Es ist ziemlich laut hier.«

Da hatte er recht. Die Waschmaschinen rumpelten und kreiselten wie winzige Zyklone. Alle liefen, bis auf eine, an der ein »Defekt«-Schild hing. Neeta hob den Blick von ihrem Smartphone und schenkte mir ihr erwachsenes Nicken. »Hey.«

Ich nickte ebenfalls und stieß ein quiekendes »Hi« hervor. Sie war unglaublich hübsch.

»Könnt ihr beiden hier ein bisschen aufpassen?« Sie trat hinter dem Tresen hervor und streckte sich. »Ich bin mal kurz bei Laura.«

»Klar«, sagte Kin und kletterte wieder auf den Tresen. Neeta verließ den Waschsalon. Ihr dicker Zopf schwang hin und her und ich schaute ihr mit Bewunderung nach.

»Sie sieht wahnsinnig gut aus.«

Kin rümpfte die Nase. »Das sagen die Jungs in der Schule auch. Es ist ekelhaft.«

Ich wuchtete unseren Wäschesack auf die Bank und hievte mich dann auf den Tresen neben ihm. Kin kickte mit den Fersen gegen die Tresenwand. »Ich dachte, du kommst nicht.«

»Warum?«

Er zuckte nur unbestimmt mit den Schultern, aber ich merkte, dass es ihm wirklich etwas bedeutete, weil er mich dabei nicht anschaute. »Ich dachte, du findest es blöd, hier im Waschsalon rumzuhängen.«

Da hatte er recht, aber jetzt war nicht der richtige Zeitpunkt, um ihm das zu sagen.

»Wo sind deine Eltern?«

»Auf dem Festland«, sagte er. »Sie brauchen Ersatzteile.« Er deutete auf die kaputte Waschmaschine.

»Und in der Zwischenzeit führen deine Schwester und du den Laden?«

»Und die Bücherei. Früher durfte ich das auch ganz allein machen«, sagte er stolz. »Aber dann …« Er seufzte.

»Was denn?« Ich konnte mir nicht vorstellen, dass Kin hier eine Party gefeiert und alles kurz und klein geschlagen hatte.

»Ein paar Jungs von der Schule. Sie kommen manchmal hier rein.«

»Um mit Neeta zu flirten?«

»Igitt, nein!« Er zog einen Schmollmund. »Es ist nur … sie sind nicht nett zu mir.«

Ich nickte zum Zeichen, dass ich verstanden hatte. Ich war im letzten Schuljahr von ein paar Mädchen aus der Klasse über mir gemobbt worden. Sie hatten mir in den Bauch gepikst und mich »Wal« und »Gretel« genannt, obwohl es doch »Gräte« hieß, aber als ich ihnen das sagte, wurde es noch schlimmer.

»Hast du es deiner Mum erzählt?«, wollte ich wissen, weil ich das so gemacht hatte. Sie war gleich am nächsten Tag in die Schule gegangen und die Mädchen hatten mit dem Mobbing aufgehört. Am Ende des Jahres wechselten sie die Schule.

»Natürlich nicht«, sagte Kin. »Aber Neeta hat es gemerkt. Sie lässt mich nicht mehr allein hier, es sei denn, es ist jemand bei mir. Nicht, dass es mir etwas ausmacht, allein zu sein.«

Ich betrachtete ihn, wie er mit den Beinen baumelte, und fühlte … keine Traurigkeit, nicht direkt, aber ich konnte mir vorstellen, wie er hier allein saß. Ich hatte keine Geschwister – wenn man Nudel nicht mitzählte, was wir zwar taten, die meisten anderen Leute aber nicht –, und deshalb war ich das Alleinsein gewohnt. Es störte mich nicht, und vielleicht war es auch bei Kin so, aber ich hatte das Gefühl, dass seine Worte nicht die ganze Geschichte erzählten. Dass er mehr als allein war. Nämlich einsam.

»Alles okay?« Er hatte aufgeschaut und gesehen, wie ich ihn betrachtete.

»Ja, warum?«

»Weil du so komisch guckst.« Er verzog das Gesicht wie Nudel, wenn sie kacken muss.

»So gucke ich halt.«

»Tut mir leid. Willst du einen?« Er zog eine Packung *Twirl* aus der Hosentasche. Ich nahm einen und holte meinerseits das Schinken-Sandwich hervor, das vom Radfahren ziemlich platt gedrückt war. Als ich es ihm anbot, schüttelte er den Kopf.

»Ich bin Vegetarier.«

»Meine Mum auch. Meistens.«

»Meistens?«

»Sie isst gerne Speck. Und Sausage Rolls.«

»Aha. Also Schweine?«

Ich nickte. »Sie ist echt traurig deswegen, weil Schweine sehr intelligent sind.«

»Aber warum hört sie dann nicht auf, sie zu essen?«

»Wahrscheinlich, weil sie ihr so gut schmecken.«

Wir aßen schweigend und schauten den kreisenden Trommeln der Waschmaschinen zu. »Kommst du heute Nacht wieder mit deinem Teleskop zum Leuchtturm?«, fragte ich schließlich.

Er schluckte und schüttelte den Kopf. »Ein Sturm zieht auf.«

Ich kaute auf der Innenseite meiner Wange und versuchte, den Gedanken zu verdrängen, dass Mum morgen aufs Meer hinausfahren wollte.

»Vielleicht übermorgen«, fuhr er fort, »wenn es aufklart. Schön, dass es dir gefällt.«

»Das Teleskop?«

»Und die Sterne. Neeta findet das alles langweilig.«

»Klar, weil sie deine Schwester ist«, sagte ich weise. Aber Kin

56

hörte plötzlich nicht mehr zu, sondern schaute zum Fenster hinaus. Er hatte den gleichen Ausdruck wie Nudel beim Anblick einer anderen Katze. Aber statt das Fell zu sträuben, um größer zu wirken, schien Kin zu schrumpfen.

Ich folgte seinem Blick. Der Junge, der Gin geholfen hatte, stand vor dem Waschsalon und grinste. Es war kein nettes Grinsen. Als ich aufblickte, wurde sein Grinsen noch breiter, er drückte sein rotes Gesicht gegen die Scheibe und hauchte auf das Glas. Ich spürte, wie Kin zitterte.

»Ist das Gins Enkel?«

Kin gab keine Antwort. Er stand unter einer Art Zauberbann, während der Junge seinen Finger über die beschlagene Scheibe gleiten ließ. Sein Gesicht lag im Schatten seiner dichten blonden Haare. Dann winkte er und schlenderte davon.

Kin machte sich klein und atmete hörbar aus.

»War das Adrian?«

»Ja. Du weißt doch, die Jungs in der Schule, von denen ich dir erzählt habe? Er ist ihr Anführer. Oder so was in der Art.«

Ich sprang vom Tresen und musterte die Zeichnung auf der Glasscheibe. Es war eine vierblättrige Blume. Kin trat neben mich. »Ich muss das wegwischen.«

»Was sollte das denn?«

»Es geht um meinen Namen«, sagte Kin unglücklich. »Er findet es lustig, dass er ›Blume‹ bedeutet.«

»Wie blöd«, entgegnete ich.

Kin grunzte, ging hinter den Tresen und kam mit einer Sprühflasche und einem Lappen wieder. »Zum Glück war Richard nicht bei ihm. Er wäre vielleicht reingekommen.«

»Er hätte bestimmt nichts gemacht«, sagte ich.

»Aber vielleicht etwas gesagt«, meinte Kin. »Etwas Gemeines.«

»Was denn zum Beispiel?«

Kin gab keine Antwort. Er ging nach draußen, blickte prüfend nach links und rechts, sprühte Reiniger auf die Glasscheibe und wischte das Geschmiere weg. Seine Unterlippe zitterte, als er wieder reinkam und sich zu mir auf den Tresen setzte. Ich überlegte, womit ich ihn ablenken könnte.

»Was machst du so im Sommer?«

»Was meinst du?«

»Na ja, womit vertreibst du dir die Zeit?«

Kin zuckte mit den Schultern und deutete in den Waschsalon. »Ich lese meistens oder so.«

»Gehst du schwimmen oder …?«

Kin schüttelte den Kopf. »Ich kann nicht schwimmen.«

Ruckartig richtete ich mich auf. »Du lebst auf einer Insel.«

»Na und?« Kin verkrampfte sich wieder und wich meinem Blick aus. »Du klingst wie die Jungen in der Schule. Sie haben mal versucht, mich ins Wasser zu werfen.«

»Das ist nicht schön«, sagte ich bestimmt. »Schwimmen aber schon.«

»Die Wikinger konnten auch nicht schwimmen«, meinte Kin und schob die Unterlippe vor. »Sie dachten, es würde Pech bringen, schwimmen zu lernen, weil sie dann damit rechneten, dass ihr Schiff sinkt.«

Ich rutschte auf dem Tresen hin und her. Die Kante biss in meine Waden. Das gefiel mir nicht. Mum konnte wunderbar schwimmen, wie eine Robbe oder ein Otter. Aber das hieß noch lange nicht, dass ihr Schiff untergehen würde. Ich lachte meine Angst weg.

»Du bist aber kein Wikinger.«

»Ich könnte aber einer sein«, entgegnete Kin. Seine Stimme klang ein bisschen zu laut, trotz des Lärms, den die Waschmaschinen machten. »Warum bist du so komisch?«

»Ich wollte nicht ...«

»Alles klar bei euch?« Neeta stand im Türrahmen.

»Klar«, sagte Kin und rückte von mir ab. »Julia wollte gerade gehen.«

Ein Stich fuhr mir heftig durch die Brust. Ich begriff das nicht. »Kin ...«

Aber er war schon an der Tür zur Bücherei und schob sie auf. »Mach's gut.«

Die Tür schlug hinter ihm zu und ich schaute Neeta an, die mit den Schultern zuckte. Mit hochrotem Gesicht ging ich an ihr vorbei zu meinem Fahrrad. Als ich den Helm aufsetzte und in die Pedale stieg, hörte ich ein Johlen. Ich blickte über die Schulter nach hinten. Da stand Adrian mit einigen Jungen. Ihr Gelächter verfolgte mich die Straße entlang.

SIEBEN

»Was ist los mit dir?« Mum sah mich misstrauisch an.

»Nichts.«

»Von wegen nichts.« Das machte sie immer. Sie schien mich mit einem einzigen Blick zu durchschauen. »Habt du und Kin euch gestritten?«

»Lass sie in Ruhe, Maura«, sagte Dad. Vor ihm lag ein Gewirr aus Drähten und Kabeln, die mit der Post gekommen waren. Morgen würde er anfangen zu arbeiten und Mum wollte morgen zum ersten Mal aufs Meer hinausfahren. Aber während Dad Sorgenfalten bekam und er angespannt und schweigsam blieb, benahm sich Mum wie eine Sprungfeder, die es gar nicht erwarten konnte vorzuschnellen. »Nimmst du Nudel morgen mit?«, fragte er sie.

Mir war klar, dass er sie damit von der Sache mit Kin ablenken wollte, aber ich musste mir trotzdem auf die Innenseite meiner Wange beißen, um die Frage zu unterdrücken, warum *ich* nicht mitfahren durfte. Ich goss mir ein Glas Leitungswasser ein. Das Wasser hier war trüb, aber es schmeckte ganz gut.

»Na klar.« Sie bückte sich und kraulte Nudel unter dem Kinn. »Mein kleines Maskottchen. Und heute Abend werdet ihr Kapitän Björn Johansson kennenlernen.« Sie sprach den Namen mit einer tiefen, grollenden Stimme aus. »Er kommt zum Abendessen.«

Dad ließ die Kabel fallen. »Was?«

»Das ist doch nur angemessen, finde ich«, sagte Mum und blickte wieder auf ihre Seekarten. »Du willst deine Frau doch nicht mit Björn Johansson« – wieder die grollende Stimme – »aufs Meer schicken, ohne ihn vorher kennenzulernen, oder?«

Dad seufzte. Er mochte es nicht, wenn Mum impulsiv handelte und ihn nicht in ihre Pläne einweihte. »Ich mache mir mehr Sorgen um Björn Johansson.«

»Bitte heute Abend ein Küchenschrank-Risotto, du Meisterkoch.«

Dads Küchenschrank-Risotto besteht aus irgendeinem Reis, den wir noch vorrätig haben, mit einem Brühwürfel und dem Rest aus der Weinflasche, dazu Dosenerbsen und alles, was der Küchenschrank sonst noch hergibt. Es dauert eine Weile, bis das Zeug genießbar wird, deshalb half ich Dad, die Kabel wegzuräumen, damit er anfangen konnte zu kochen.

Er ging voraus in sein Arbeitszimmer direkt unterhalb der Leuchtlampe. Ich starrte nach oben und stellte sie mir angezündet vor, gleißend gelb und heiß.

»Leg sie einfach da hin, Juli.« Ich ließ die Kabel aus meinem Arm plumpsen. »Cool, nicht wahr?«

Er deutete zu der Leuchtlampe. Was für Mum das Meer ist, ist für Dad die Elektrizität.

Ich lächelte, und dann, nach einem kurzen Zögern, sagte ich: »Dad.«

Er kramte in seiner Schreibtischschublade. »Julia.«

»Hast du Mum gesagt, dass ich nicht mitfahren darf?«

»Was?«

»Auf dem Schiff. Denn wenn sie mich dabeihaben will, möchte ich gerne mit.«

»Sie hat nicht mit mir darüber gesprochen, Juli.«

Ich kaute auf meiner bereits leicht angebissenen Wangeninnenseite. »Oh.«

Dad beugte sich über seinen Schreibtisch und betrachtete mich. »Alles in Ordnung? Du kommst mir durcheinander vor.«

Ich wollte ihm gerne von Adrian erzählen und dass Kin gesagt hatte, Wikinger könnten nicht schwimmen. Dass ich das Gefühl hatte, etwas falsch gemacht zu haben, und dass ich nicht wusste, wie ich es wieder geradebiegen konnte. Aber dann müssten wir »ein Gespräch« führen und das wollte ich nicht.

»Nudel darf mit auf das Schiff.«

»Nudel ist Nudel«, meinte Dad, als ob damit alles gesagt wäre. »Aber wir zwei werden uns schon amüsieren, ja? Du kannst mir mit dem Leuchtfeuer helfen.« Er schaute zu den Kabeln. »Amüsieren« war nicht das Wort, das mir bei diesem Anblick in den Sinn kam. »Und du hast doch noch deinen Freund. Kevin, nicht wahr?«

»Kin.« Sein Name blieb mir im Hals stecken.

»Lad ihn doch mal zum Essen ein.«

Ich wusste, dass Dad ihn unter die Lupe nehmen wollte, bevor er seine Einwilligung gab, dass ich etwas mit Kin unternahm. Aber das war nicht nötig. Kin schien kein Interesse mehr an einer Freundschaft mit mir zu haben. »Vielleicht.«

Mums Stimme hallte die Wendeltreppe hoch. »Soll ich schon mit dem Schnippeln anfangen?«

»Schnell.« Dad zog eine Grimasse und stieß sich vom Schreibtisch ab. »Bevor sie sich noch selbst in Stücke hackt.«

Die kleine Küche war erfüllt von dem Duft nach Knoblauch und Wein. Mum streute zu viel Chilipulver in den Topf, woraufhin Nudel nach oben sauste, und als es an der offenen Tür klopfte, husteten und prusteten wir alle mit krebsroten Gesichtern.

Mum breitete die Arme aus, als ob sie einen alten Freund begrüßte. »Kapitän Björn! Willkommen! Bleiben Sie bloß draußen, sonst ersticken Sie noch!«

Der Mann vor der Tür war groß und dünn. Er hatte hellblaue Augen mit unzähligen Fältchen ringsum. Seine Haut war rotbraun und ich sah Sonnenbrand auf seinen Handgelenken, als er Mum die Hand entgegenstreckte. Sie umarmte ihn stattdessen und schob mich dann vor.

»Das ist Julia und der da, der gerade in das Risotto hustet, ist Dan.«

Dad winkte zur Begrüßung mit tränenden Augen.

»Freut mich sehr, dich kennenzulernen, Julia.« Kapitän Björns starker Akzent sorgte dafür, dass er abgehackt sprach, mit seltsamen Pausen zwischen den Worten. Er klang nett.

»Würden Sie uns helfen, den Tisch nach draußen zu tragen?«, bat Mum. »Der Leuchtturm ist im Moment nicht bewohnbar.«

»Dann können wir noch den schönen Tag ausnutzen«, sagte Kapitän Björn. »Heute Nacht wird das Wetter umschlagen.«

Bei dem Versuch, den Tisch durch die schmale Tür zu manövrieren, entwickelte ich eine außerordentliche Hochachtung vor demjenigen, der es geschafft hatte, ihn in den Leuchtturm zu bugsieren. Erst als Kapitän Björn ein Tischbein abschraubte, passte er hindurch. Die einzige ebene Fläche befand sich ausgerechnet direkt unterhalb der Leiter und ich hob meine Taschenlampe auf, bevor irgendjemand etwas merkte. Aber Mum blickte stirnrunzelnd auf das platt getretene Gestrüpp, das mit einem Mal sehr nach einem Trampelpfad aussah.

»Wie es scheint, haben wir manchmal ungebetenen Besuch.«

»Wahrscheinlich Otter«, sagte Kapitän Björn. »Davon gibt es viele hier in der Gegend.«

Dad stellte das Küchenschrank-Risotto auf den Tisch und wir setzten uns und fingen an zu essen.

Wie üblich ergriff Mum als Erste das Wort. »Wann brechen wir morgen auf?«

»Sehr früh«, sagte Kapitän Björn. »Damit wir so viel Zeit wie möglich draußen haben. Am Nachmittag wird von Westen her ein weiterer Sturm erwartet.«

»Und wir setzen die Markierungen aus?«

»Ja.«

»Und dann«, sagte Mum mit vollem Mund, »vielleicht eine Sichtung.«

Kapitän Björn zuckte mit den Schultern, aber nicht abfällig.

»Vielleicht nächste Woche, vielleicht nächsten Monat. Vielleicht nie. Sie halten sich meistens in der Tiefe auf.«

»Deshalb haben Sie auch Sonar.«

»Ja, sicher. Aber ich habe noch nie einen gesehen.«

»Aber ihre Crew schon?«

»Ja. Aber ich nicht.«

»Ich werde einen sehen.« Mum grinste mich an und sprach mit einer Bestimmtheit, die keinen Zweifel zuließ. Ich glaubte ihr. Wenn sich Mum einer Sache sicher war, dann hatte sie recht.

»Vielleicht«, sagte Kapitän Björn und ich sah, wie Dads leicht besorgter Blick zwischen dem Kapitän und Mum hin und her wanderte.

»Diese Forschungsarbeit, welche Universität finanziert sie?«, fragte Kapitän Björn.

»Im Moment gar keine«, entgegnete Mum fröhlich und nahm sich einen Nachschlag. »Bloß Startkapital. Aber es ist alles am Laufen.«

Kapitän Björn kaute das Küchenschrank-Risotto länger als nötig. »Haben Sie uns deshalb nur für zwei Wochen gechartert?«

»Zwei Wochen?«, wiederholte ich verwundert. »Ich dachte, zwei Monate.«

»Ja.« Mum wedelte mit der Hand, als ob es sich dabei um ein unbedeutendes Detail handeln würde. »Ich bezahle nach und nach. Es wird schon funktionieren. Die Gelder werden bewilligt werden. Der Forschungsansatz ist seriös.« Sie sprach diese Sätze wie ein Mantra, wie ein Gebet.

»Und was für ein Forschungsansatz ist das?«, wollte Kapitän Björn wissen. »Wenn ich das fragen darf, meine ich.«

Mum hatte den Mund voll, weshalb ich für sie antwortete.

»Der Hai kann die Zeit verlangsamen. Mum will mit seiner Hilfe auch die Zeit für Menschen langsamer machen.«

»So was in der Art«, sagte Mum.

Kapitän Björn hob eine hellblonde Augenbraue. »Diese Haie sind nicht leicht zu finden. Es mag sich als unmöglich erweisen.«

Wütend blickte ich in mein Risotto. Wer war dieser Kerl, der Mum erzählen wollte, was möglich war und was nicht?

»Vor mir kann man sich nicht so leicht verstecken«, sagte Mum. Eine Anspannung lag in der Luft, als ob beide die Enden eines unsichtbaren Seils gepackt hätten und daran zogen.

»Sie tauchen viele Meter tief.«

»Aber sie kommen auch wieder hoch.«

»Manchmal.«

»Genau.«

Kapitän Björn gab klein bei. »Also gut.«

»Das wird es werden«, sagte Mum, die unbedingt das letzte Wort haben musste.

Ich fühlte, wie sich meine Hand zur Faust ballte. Dad legte seine Hand über meine. Ich überlegte, was ich sagen konnte, um die Anspannung zu durchbrechen.

»Kapitän Björn, können Sie schwimmen?«

»Natürlich.«

Wenigstens etwas.

Nach dem Abendessen kam es zu einem Streit zwischen Mum und Dad. Es ging um Geld, wie meistens. Ich wusste, dass sie einen

hohen Kredit auf unser Haus in Cornwall aufgenommen hatten. Ich wollte nicht zuhören und rechnete stattdessen aus, dass zweitausend Meter so hoch sind wie zwanzig Big Bens übereinander.

So tief schwimmen die Grönlandhaie. Zwanzigmal so tief, wie der Big Ben hoch ist. Ich fühlte einen Nadelstich in meiner Brust, der mich auf die beunruhigende Möglichkeit hinwies, dass Kapitän Björn recht haben könnte, aber ich schob den Gedanken weit von mir. Mum glaubte daran, mehr musste ich nicht wissen.

Schließlich hörte ich meine Eltern ins Bett gehen und Mum fing an zu schnarchen. Trotzdem gab ich mir alle Mühe, mucksmäuschenstill zu sein, als ich die Treppe nach oben ging. Sorgfältig hob ich meine Füße, die in Pantoffeln steckten.

Ich lernte den Leuchtturm allmählich kennen, wusste, wohin ich treten musste, damit die Treppe nicht knarrte, kannte die rutschigen Stellen, auf denen die Sohlen meiner Pantoffeln keinen Halt fanden, und alles wurde immer weniger außergewöhnlich.

Es war normal, dass Dinge nach einer Weile gewöhnlich wurden und deshalb mochte ich das, was Mum tat, so sehr. Denn statt gewöhnlich zu werden, wurden die Dinge, mit denen sie sich beschäftigte, immer interessanter, je länger sie sie betrachtete. Haie, Wale, sogar Algen.

Ich wusste, dass Kin nicht da sein würde. Selbst wenn wir uns nicht gestritten hätten, wäre er nicht gekommen, denn die Wolken des Sturms, den Kapitän Björn angekündigt hatte, verhüllten die Sterne mit einem grauen Schleier. Das Meer war still und die Nacht so dunkel, dass ich nichts sehen konnte. Ich hatte das Gefühl, unter mir gähne ein Abgrund, bis tief zum Mittelpunkt der Erde, viel weiter sogar, als meine Vorstellungskraft reichte.

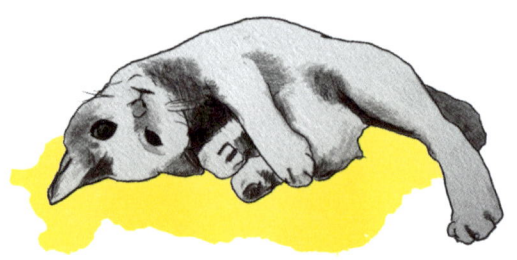

ACHT

Als Mum vom Meer zurückkam, sprudelte sie fast über. Nudel schien sehr mit sich zufrieden zu sein und rollte sich auf Dads Schoß ein, damit er die Knoten aus ihrem Fell bürsten konnte, wo Wind und Salz es verklumpt hatten.

»Es ist wild«, sagte Mum, die selbst ganz wild aussah. Sie nahm mich an den Händen und wirbelte mich herum. »Die Wellen waren so hoch, nein, höher – und diese Farbe!«

Sie ließ mich los und ich stieß mir schmerzhaft die Hüfte an der Tischkante. Als ich auf einen Stuhl plumpste, hätte ich plötzlich am liebsten geweint. Wie dumm von mir. Mum merkte nichts, sondern schwatzte weiter. »Es ist völlig anders als in Cornwall, irgendwie knackiger. Und wir haben *Phocoena photogen* gesehen, ganze viele *Phocidae* …« Sie verstummte und schaute mich erwartungsvoll an.

»Kleine Tümmler, Seehunde«, ratterte ich lustlos herunter.

»Hey, was ist los mit dir?«

Mein Schulterzucken war eins von der Art, das in Wahrheit bedeutete: *Ach, ich weiß auch nicht, Mum. Vielleicht liegt es daran, dass du mich hierher ins Nirgendwo verschleppt hast, weit weg von meinen Freunden, und mich jetzt nicht mal mitnehmen willst, wenn du raus aufs Meer fährst.* Hinzu kam noch, dass ich mich heute sehr gelangweilt hatte, während ich Dad dabei half, die unzähligen Kabel zu entwirren und in Regenbogenstreifen auf dem Boden auszubreiten. Die ganze Zeit musste ich daran denken, wie viel mehr Spaß ich mit Mum auf dem Schiff gehabt hätte oder mit Kin im Waschsalon. Aber weder Mum noch Kin wollten mich haben.

»Was ist los mit ihr?«

Auch Dad zuckte mit den Schultern und ich fragte mich, ob seine Geste ebenfalls eine tiefere Bedeutung hatte.

»Ihr seid genauso gesprächig wie Björn.« Mum seufzte. »Morgen nehmen wir uns den nächsten Abschnitt vor. Der Sturm hat eine Kaltfront mit sich gebracht, aber wenigstens haben wir dann klare Sicht.«

»Hast du einen Grönlandhai gesehen?«, fragte ich, woraufhin Mums sprühende Energie zu schwinden schien.

»Nein, aber das war zu erwarten. Es ist nicht einfach, sie zu finden, selbst bei idealen Bedingungen.« Ich erwähnte nicht, dass dies das Gegenteil von dem war, was sie gestern behauptet hatte. »Wir waren nicht weit genug im Norden. Im Augenblick stecken wir Bereiche ab, um einzuordnen, wo sie sich aufhalten. Wir finden einen, ganz sicher. Heute war ja der erste Tag.« Sie schien mehr mit sich selbst zu reden als mit uns. »Und das heißt, dass ich der Universität schreiben und berichten kann, dass wir angefangen haben. Jetzt, wo wir tatsächlich draußen auf dem Meer sind, müssen sie uns mehr Geld geben. Und ich brauche unbedingt eine neue Kamera, um alles zu dokumentieren.«

Dads Stirn legte sich in Falten. »Ich dachte, du hättest das Geld schon so gut wie in der Tasche.«

Mum wedelte mit den Händen, wischte seinen Einwand beiseite. »Diese Art von Forschung wurde noch nie durchgeführt. Es gibt keinen Präzedenzfall. Wir müssen Leute anlernen.«

Dad nickte langsam. »Wie lange wird das dauern?«

»So lange es dauert.«

»Julia hat Schule und ich bin hier in zwei Monaten fertig …«

»Ich vielleicht auch. Oder in drei. So eine Gelegenheit kommt nicht wieder, Dan, und …«

»Maura.« Dads Augen zuckten zu mir, als ob ich noch ein Baby wäre und nicht merken würde, wenn sie sich stritten.

»Ich werde etwas lesen«, sagte ich, und ehe sie mich daran hindern konnten, schnappte ich mir das Buch aus der Bücherei und stieg die Schneckenhaustreppe hoch. Nudel rannte vor mir her. Ich warf mich auf das Bett und versuchte auszublenden, dass Mum und Dad sich unten anzischten. Dann zog ich das gelbe Notizbuch unter meinem Kissen hervor.

Nudel rollte sich auf meinem unteren Rücken ein, als ich eine neue Seite aufschlug und drei Spalten malte. In die ersten beiden schrieb ich das Datum und die Anzahl der Stunden, die Mum auf dem Meer verbracht hatte, und dann »Kleine Tümmler« und »Seehunde« in die dritte. Auf dem hinteren Ende meines Bleistifts kauend, betrachtete ich die Seite und mit dem unguten Gefühl, einen Verrat zu begehen, zog ich eine vierte, sehr schmale

Spalte und setzte ein X hinein. Morgen würde dort ein Haken stehen. Ich musste genauso fest daran glauben wie Mum, ansonsten würde ich sie genauso sehr im Stich lassen wie Dad.

Ich blätterte um. Ich wollte aufschreiben, was Kin mir über die Sterne und über die Wikinger erzählt hatte. Aber wir waren keine Freunde mehr und weder Sterne noch Wikinger waren Meereslebewesen, um die es in meinem gelben Buch ja eigentlich ging. Ich seufzte und steckte es weg. Es muss gewisse Regeln geben, wie zum Beispiel die Schwerkraft. Ansonsten würde man einfach über den Rand der Welt fallen.

Als Mum und Dad schließlich zu Bett gingen, nahm ich meine gerettete Taschenlampe und zog einen Pullover an. Nudel folgte mir erwartungsvoll, bis ihr klar wurde, dass ich nach oben ging, nicht nach unten, um sie zu füttern. Sie miaute jämmerlich und schaute mich empört an, aber ich ignorierte sie. Die Nervosität flatterte in meinem Bauch herum, obwohl es dafür eigentlich keinen Grund gab. Das hier war mein Leuchtturm. Ich wohnte hier, wenn auch nur für die Sommerferien. Ich konnte rausgehen, wann immer ich wollte.

Aber Kin war nicht da. Die schmale Plattform rund um das tote Leuchtfeuer war leer. Ich lief sie einmal ab, um ganz sicher zu sein. Dann ging ich neben der Tür in die Hocke und redete mir ein, dass es mir egal war. In zwei Monaten wäre ich wieder zu Hause in Hayle und würde weder an Kin noch an den Leuchtturm auch nur einen Gedanken verschwenden. Aber – und diese Gewissheit fühlte sich mies an und machte mich ein bisschen traurig – meinen Freunden zu Hause waren wiederum die Dinge egal, die mir wichtig waren.

Erinnerst du dich noch an den Wal, der auf der falschen Frequenz durch die Welt schwamm? Wenn meine Freunde über Youtuber redeten oder irgendwelche Tanzschritte erfanden, fühlte ich mich manchmal wie dieser Wal. Als ob sie mich sehen, aber nicht hören könnten. Und nach dem, was mir Kin über die Jungen in seiner Schule erzählt hatte, ging es ihm wohl genauso. Es klingt vermutlich blöd, aber ich dachte, dass ich jemanden gefunden hätte, der auf meiner Frequenz schwimmt. Und obwohl ich nicht wusste, wie oder warum, hatte ich es vermasselt.

Am nächsten Morgen saßen wir gerade beim Frühstück, als ein Päckchen für Mum gebracht wurde. Es klopfte, aber vor der Tür stand nicht der übliche Postbote, sondern ein Mann in einem schicken rot-gelben Anzug.

»Fantastisch«, sagte Mum strahlend, als sie den Empfang mit ihrer Unterschrift bestätigte, den Mund immer noch voll mit Rührei. »Das ist jeden Cent wert.«

»Was denn?«, fragte Dad, dem wieder die Sorgenfalte zwischen den Augen stand.

»Die Express-Lieferung«, antwortete Mum, die dem Kurier fröhlich hinterherwinkte und uns das Päckchen entgegenstreckte, ehe sie Dads Müslischale zur Seite schob, was die in Milch getränkten Cornflakes von einer Seite zur anderen schwappen ließ. »Die habe ich gebraucht, bevor ich heute rausfahre.«

Sie versuchte erfolglos, mit dem Buttermesser die Verpackung

zu öffnen, bis Dad ihr die Küchenschere reichte. Seine Sorgenfalte war mittlerweile so tief wie der Marianengraben (was natürlich ein bisschen übertrieben ist, denn der Marianengraben ist der tiefste Punkt der Erde), während sie eine elegante weiße Schachtel mit der Abbildung einer schwarzen Kamera darauf aus dem Karton zog.

»Ta-da!« Sie hielt mir die Schachtel hin. »Guck mal, Julia! Die besten Naturfotografen benutzen die hier.«

»Aber du bist keine Naturfotografin«, wandte Dad ein.

»Nein, aber ich muss die Natur fotografieren«, antwortete Mum leichthin, während ich die Schachtel öffnete und die Kamera herausholte. Sie war schwarz glänzend und hatte drei Objektive.

»Dann hat die Finanzierung geklappt?«, fragte ich begeistert, weil Mum einmal meinte, die Kamera stehe ganz oben auf der Liste, wenn die Gelder bewilligt würden.

»Also wirklich, Julia«, sagte Mum und riss mir die Kamera förmlich aus der Hand. »Du klingst schon wie dein Dad. Das ist eine Investition, klar? Ich muss sie noch laden, bevor ich aufbreche. Entschuldigt mich.«

Sie stürmte aus der Küche und ich blinzelte ganz schnell, um mir nicht anmerken zu lassen, dass mir die Tränen in die Augen schossen. Ich hatte ihr nicht die Stimmung vermiesen wollen.

»Alles gut, Julia«, sagte Dad, aber er klang, als würde er das genaue Gegenteil meinen.

Nachdem sie die Kamera geladen hatte, brach Mum zu einem zweitägigen Trip auf, was bedeutete, dass ich den ganzen Tag nichts zu tun hatte und Dad das Funkgerät, mit dem sie Kontakt hielten, wie ein Baby überall mit sich herumtrug. Am Abend wartete ich, bis ich hörte, wie er die Schlafzimmertür hinter sich zuzog, ehe ich mich wieder hinauf zur Plattform schlich.

Ich hatte noch weniger Hoffnung als zuvor, aber trotzdem versetzte es mir einen Stich, dass Kin nicht da war. In Dads strengstem Ton redete ich mir ein, dass ich ihn nicht brauchte, dass ich Nudel hatte und Dad und eine Mum, die etwas unglaublich Wichtiges erforschte, etwas, das Leben retten konnte. Da würde ich es doch wohl zwei Monate lang an einem fremden Ort ohne Freunde aushalten.

Es war sehr kalt auf der Plattform und der Himmel noch sternenstrahlender als in der ersten Nacht. Kin hätte es gefallen. Ich schüttelte den Kopf, um die Gedanken an ihn loszuwerden. Eigentlich war es doch gut, dass er nicht da war. Dann konnte ich in aller Ruhe schlafen gehen und Mum würde mich vielleicht das nächste Mal mit aufs Schiff nehmen …

»Hallo.«

Kins Kopf tauchte auf der anderen Seite des Geländers auf.

»Hallo«, erwiderte ich lässig.

»Ich komme hoch«, sagte er. »Hier, fang!«

Mit beeindruckender Zielsicherheit warf er mir ein Seil zu. Es fühlte sich rau und stark in meinen Händen an. Das Teleskop-Seil.

Wortlos sah ich zu, wie Kin sich nach unten beugte, das Teleskop nach oben zog, es über das Geländer wuchtete und dann das Stativ ausklappte.

Er schaute durch das Okular und richtete das Teleskop mit kleinen Bewegungen aus, bis er gefunden hatte, was er suchte. Schließlich betätigte er die Feststellschraube, damit sich die Position nicht mehr verändern konnte. Mein Herz hämmerte, und gerade als ich einlenken und mich entschuldigen wollte oder irgendetwas sagen, zum Beispiel *Schön, dich zu sehen* oder *Wusstest du, dass Grönlandhaie nach Pipi riechen?*, drehte er sich zu mir um.

»Na los.«

Ich musste mich zusammenreißen, um nicht zu grinsen, stand auf und schaute durch das Okular. Das buttrige Leder lag weich an meiner Wange und das Stück Himmel, das ich sehen konnte, war so wunderschön, dass ich unwillkürlich seufzte. Kin hatte das Teleskop auf den Polarstern ausgerichtet.

»Siehst du?«, fragte Kin. »Dhruva Tara?«

»Gesundheit.«

Er machte schmale Augen. Wieder hatte ich das Gefühl, etwas Falsches gesagt zu haben, und presste die Lippen fest aufeinander. »Das ist der Dhruva Tara. So nennt ihn mein Dad.«

Er betrachtete mich sehr genau, das Gesicht vom Sternenlicht erleuchtet. Das schien irgendeine Art Test zu sein. Ein Test, den ich unbedingt bestehen wollte.

»Gefällt mir. Was bedeutet es?«

»Dhruva war ein König. Tara heißt Stern.«

Ich nickte langsam. »Meine Mum nennt ihn Polarstern.«

Etwas rührte sich in seinem Gesicht, als ob sich Wolken verziehen würden. Er grinste. »Ja. Das sind beides Namen dafür. Bei den Wikingern hieß er Lodestar. Andere nennen ihn Polaris.«

»Wie nennst du ihn?«

»Kommt drauf an, ob ich mich eher so fühle wie mein Dad oder wie ein Wikinger.«

Das verstand ich. Ich nickte. »Und heute?«

»Beides.« Er schlurfte leicht mit dem Fuß über die Plattform. »Julia ...«

Ich wusste, dass er sagen wollte, wie leid es ihm tat, aber ich musste es gar nicht hören. »Mir auch.«

Den Blick immer noch auf seine Füße gerichtet, sagte er: »Adrian und die anderen sagen immer, dass diese Insel Wikingerland ist und dass ich keiner sein kann, weil meine Eltern aus Indien kommen und ich für Dinge oft andere Namen habe. Aber Dinge können viele Namen haben. Auch ich.«

»Wie Sterne«, sagte ich. »Ich wollte nie behaupten, du könntest kein Wikinger sein.«

»Ich weiß«, murmelte er. »Ich war nur ...«

Er brach ab, aber ich wusste, wovon er redete, nämlich davon, dass sich die Gefühle manchmal im Brustkorb verhaken und dann ganz spitz und stachelig herauskommen.

»Deshalb war ich an dem Tag hier, als du ankamst«, fuhr er fort. »Ich bin früher immer an den Strand gegangen, aber da waren die Jungs auch ständig. Sie haben sich über mich lustig gemacht wegen dem Schwimmen.«

»Waren sie wieder im Waschsalon?«

Er nickte unglücklich. »Und als ich gestern mit dem Fahrrad

unterwegs war, kam Adrian direkt auf mich zu. Ich bin hingefallen, weil ich ihm ausweichen wollte.«

Er zeigte mir seine Handfläche, auf der eine Schürfwunde zu sehen war. Wut brodelte so heiß wie frisch gebrühter Tee in mir auf. »Hast du das nicht deiner Mum gesagt?«

»Nein, auf keinen Fall! Und du darfst es auch nicht sagen. Versprochen?«

Ich versprach es ihm, aber sein Gesicht war so zerknautscht wie ein benutztes Papiertaschentuch. Er schaute hoch zu den Sternen. »Ich wünschte, ich könnte sie immer sehen. Ich wünschte, es wäre immer dunkel und klar.«

Ich blickte wieder durch das Okular. Ein Gedanke zog mir durch den Kopf, so hell wie Polaris.

»Kin«, sagte ich und richtete mich auf. »Meine Mum hat einen Fotoapparat, den sie nicht mehr benutzt. Sie kann ihn nicht mit aufs Meer nehmen, weil er nicht wasserdicht ist. Wir könnten vielleicht damit Aufnahmen von den Sternen machen.«

Er nickte eifrig. »Jetzt gleich? Eine so klare Nacht kriegen wir so schnell nicht wieder.«

Ich schlich mich wieder hinein, immer an der Wand entlang, bis ich zu Mums Schreibtisch kam. Der alte Fotoapparat lag in der oberen linken Schublade. Ich nahm ihn heraus und ging wieder hoch zu Kin. »Hier.«

Ich schaltete ihn ein. Die Speicherkarte war voll und ich löschte ein paar Fotos von einem Feld mit einer Art Vogelschwarm darüber. Dann richtete ich das Objektiv auf das Okular des Teleskops aus. Ich hielt die Kamera ganz ruhig und betätigte den Auslöser. Die ersten Bilder waren verschwommen.

»Lass mich mal«, bat Kin. Seine Fotos waren besser und wir betrachteten sie, während er mir die verschiedenen Namen für jeden hellen Fleck nannte.

Mittlerweile klapperten meine Zähne. Eine klare Nacht bedeutete auch, dass es eiskalt war. Ich konnte meinen Atem sehen, der wie Sternenstaub in die Luft aufstieg. Kin zitterte ebenfalls.

»Du solltest nach Hause gehen«, sagte ich. »Nächstes Mal ziehen wir uns wärmer an.«

»Nächstes Mal?« Er lächelte. »Ganz sicher?«

»Ganz sicher«, sagte ich. »Und wenn du nicht an den Strand gehen oder im Waschsalon bleiben willst, kannst du jederzeit herkommen.«

Unsicher schaute er mich an. »Es macht dir nichts aus?«

Ich stupste ihn mit dem Ellbogen an. »Ich würde mich freuen.«

Da lächelte er. Es war ein richtiges Lächeln, das seine Wangen in die Breite zog. »Alles klar.«

Ich schaute zu, wie er nach unten kletterte, und ließ dann das Teleskop ab. Ehe ich wieder reinging, scrollte ich noch einmal durch die Fotos und flüsterte die Namen der Sternbilder leise vor mich hin. Kassiopeia. Jasi. Sarpa. Ursa Major. Bloß weil ich sie nicht in mein gelbes Notizbuch eintragen konnte, hieß das noch lange nicht, dass ich sie mir nicht merken wollte.

Ich wollte gerade die Türklinke nach unten drücken, als die Tür mit einem metallischen Knarzen aufflog. Im Türrahmen stand Dad, die Hände in die Hüften gestemmt, das blinkende Funkgerät am Gürtel hängend.

»Kannst du mir mal erklären, was du da machst?«

NEUN

Dad packte mich umgehend in ein heißes Bad und brummte etwas von »Lungenentzündung« und dass ich genau wie meine Mutter sei.

»Irgendwas über Funk?«, fragte ich zähneklappernd.

»Nichts«, antwortete Dad ein bisschen zu fröhlich. »Aber sie meinte ja, das sei nicht ungewöhnlich. Sie sind weiter im Norden als gestern. Also mach dir keine Sorgen.« Er plapperte weiter, ehe ich ihm versichern konnte, dass ich nicht besorgt war. »Du und Kin habt euch also wieder versöhnt?«

»Woher weißt du, dass wir uns gestritten hatten?«

»Ich bin zwar dein Dad, aber trotzdem nicht von gestern.« Er lächelte. »Wenn du das nächste Mal auf Abenteuersuche gehst, zieh dir eine Jacke an.«

»Wir waren nicht auf Abenteuersuche. Wir haben uns die Sterne angesehen.«

»Zieh. Eine. Jacke. An.« Er nahm die Kamera, die ich auf das

Waschbecken gelegt hatte. »Und geh damit vorsichtig um. Du kannst meinen Fotoapparat benutzen, wenn du willst.«

»Ich *war* vorsichtig.«

»Ich weiß«, sagte er besänftigend.

»Außerdem hat Mum doch die neue Kamera.«

»Ja«, Dad nickte, »aber ich will mit ihr reden und sie davon überzeugen, sie zurückzuschicken. Ich habe mir das Modell mal im Internet angeschaut und es ist …« Er seufzte. »Na ja, sehr extravagant eben. Aber die hier«, setzte er hinzu und hob die Kamera hoch, »ist was Besonderes. Deshalb überlassen wir sie lieber Mum, okay?«

»Okay.«

Er ließ mich allein, damit ich mich waschen konnte, und nahm Funkgerät und Kamera mit. Nudel setzte sich zu mir auf den Wannenrand, mit kerzengeradem Rücken, wie eine Galionsfigur.

»Bist du traurig, dass Mum dich auch zurückgelassen hat?«, fragte ich Nudel, und sie blinzelte mich jammervoll an. Weiter im Norden war das Meer zu rau für Nudel, was nichts anderes hieß, als dass auch Mum nicht dorthin fahren sollte. Aber ich tröstete mich mit der Tatsache, dass Kapitän Björn ein vernünftiger Mann zu sein schien.

Ich dachte darüber nach, was er gesagt hatte, dass er noch nie einen Grönlandhai mit eigenen Augen gesehen hatte. Dass Mum vielleicht keinen finden würde. Ich dachte an den Schatten, der bei seinen Worten über Mums Gesicht gewandert war, wie eine Flosse kurz unterhalb der Wasseroberfläche. Es war genau der gleiche Ausdruck gewesen wie bei Kin, als er Adrian vor dem Waschsalon entdeckt hatte.

Ich erschauderte. Das Wasser kam mir plötzlich genauso kalt vor wie die Luft draußen auf der Plattform. Nudel schlug nach den Seifenblasen, aber ich konnte mich nicht mehr entspannen und stieg aus der Wanne. Ich zog einen frischen Schlafanzug an. Dad kam aus seinem Arbeitszimmer und steckte die Bettdecke rings um mich fest. Dann bekam ich noch eine Decke obendrauf.

»Wie geht es mit dem Leuchtdings voran?«, fragte ich gähnend.

Er kicherte. »Du bist *wirklich* genau wie deine Mum. Du kennst die lateinischen Namen aller Meerestiere und dann fragst du nach dem ›Leuchtdings‹.« Ich lächelte stolz, während er sich mit den Handrücken über die Augen rieb. »Nicht so, wie ich gehofft hatte. Aber ich kriege das hin.« Er strich mir die Haare aus dem Gesicht. »Schlaf jetzt, Juli.«

Leichter gesagt als getan. Der Wind frischte auf. Es dauerte nicht lange, da heulte er um den Leuchtturm, der knarrte und knackte, wie wenn jemand über einen alten Holzboden läuft. Der Geruch nach Gras und Salz zog durch die Türritzen. Aber das Schlimmste war das Meer. Es brüllte so laut wie ein Monster. Ich hätte mich nicht gewundert, wenn es durch die Mauern gesickert wäre. Ich hielt mich an meinem gelben Notizbuch fest und suchte dort Trost. Der Sturm hatte uns erreicht

    und ich hoffte,

        dass Mum

            sich

               auch

                   gut

                       festhielt.

Das Bett war ein Schiff und die Laken in meinen Händen ver-
wandelten sich in Schaum. Das ganze Zimmer schaukelte hin
und her und das Dach über mir war verschwunden. Statt-
dessen zuckten Blitze durch die tief hängenden, dicken Wolken,
wie lange Zungen aus Feuer, die sich aus- und wieder einrollten,
wie Adern aus verbranntem Silber, die eine Sekunde in der Luft
hingen. Aber geräuschlos. Sie tobten ohne einen Laut.

Und dort, im Wasser, war etwas.

Tief unten
zog es langsam
durch das schwarze Meer.
Wasser schwappte über die Gestalt,
die so riesig und verschlingend war
wie der Himmel.
Ich lag ganz still,
konnte nichts sehen.
Kein Laut war zu hören,
als wäre ich hinter Glas.
Ohne den Kopf zu drehen,
wusste ich genau,
es stieg auf.
Wusste, es öffnete
ein Maul
so groß
wie die
Welt ...

Ein heulendes Geräusch weckte mich auf. Ich lag ganz still. Mein Herz hämmerte noch von meinem Albtraum, bis mir klar wurde, dass ich das Pfeifen des Wasserkessels hörte, der auf dem Herd stand. Ich schaute auf meine Armbanduhr. 3:23 Uhr. Ich seufzte und drehte mich um. Dad war offenbar noch nicht im Bett.

Dann hörte ich ihn reden, leise und gedämpft. Aber es war nicht Nudel, die ihm miauend antwortete, sondern Mums Stimme. Sie sprach leise und schnell. Erleichterung breitete sich in mir aus und ich schwang die Beine aus dem Bett. Mum würde zwar wie immer hereinkommen und mir einen Gutenachtkuss geben, aber ich wollte hören, wie es gelaufen war.

Ich stieg gerade die erste Treppenstufe hinunter, als plötzlich ein Aufprall ertönte. Ein Schlag, als hätte jemand einen Gegenstand mit Wucht auf den Tisch geknallt. Ich blieb abrupt stehen und setzte mich leise auf die Treppe.

»Völlige Zeitverschwendung.« Mums Stimme drang zu mir, mal hörbar, mal nicht. Ich kroch eine weitere Stufe nach unten. »Ich sagte ihm, dass er zu vorsichtig sei …«

»So etwas wie ›zu vorsichtig‹ gibt es nicht«, gab Dad besänftigend zurück. »Er weiß, was er tut.«

»Oder er ist auf Profit aus«, sagte Mum. »Er weiß, dass wir im Moment nur ein knappes Budget haben und dass es noch Tage dauern kann, bis die Gelder bewilligt werden.«

»Er braucht doch auch sein Einkommen …«

»Auf wessen Seite stehst du eigentlich?«

»Das ist nicht fair, Maura.«

Wieder ein *Rums!*, und da hörte ich, dass es Mum war, die mit der flachen Hand auf die Tischplatte schlug. Nudel kam die Treppe hinaufgeschossen, blieb neben mir stehen und rieb sich an meinem Knie.

»Nein, *du* bist nicht fair.« Mum klang wütend. »Du weißt, wie viel mir das bedeutet. Wenn nur irgendjemand mal an mich glauben würde …«

»Ich glaube an dich. Julia glaubt auch an dich. Deine Mum glaubte an dich.«

Ein Keuchen, dann leises Schluchzen, das mir fast genauso viel Angst einjagte wie ihre Wut. Ich hatte das Gefühl, dass ich sie schon einmal so hatte weinen hören, aber ich wusste nicht mehr, wann das gewesen war.

»Schhhh«, sagte Dad sanft. »Es ist alles gut. Du darfst nicht so werden, Maura. Du weißt, was dann passiert.«

»Ich werde nicht so. Wirklich nicht … es tut mir leid. Ich will einfach nur, dass diese Sache klappt, Dan. Es muss klappen.«

»Und ich weiß, dass du alles tust, was du kannst. Aber deine Gesundheit ist wichtiger. Nimmst du deine Tabletten?«

»Ich weiß, dass meine Gesundheit wichtig ist.« Da war sie wieder, die Ungeduld in Mums Stimme. Dads Frage ignorierte sie. »Ich will nicht mehr darüber reden, wenn du mich so bevormundest.«

Ich hörte ein schabendes Geräusch, als Mum ihren Stuhl nach hinten rückte. Eilig sauste ich die Treppe hoch und sprang ins Bett, gerade als ihre Schritte auf den Stufen vor meinem Zimmer haltmachten.

Obwohl ich hörte, dass sie stehen blieb, kam sie nicht herein.

Sie zog leise die Tür zu und ich lag im Dunkeln und lauschte, als sie wieder nach unten ging. Die Bodendielen ihres Schlafzimmers knarrten. Der Teekessel kreischte immer noch. Das Kreischen schwächte sich zu einem dumpfen Pfeifen ab, als Dad ihn vom Herd nahm. Ich zog mein gelbes Notizbuch heraus und setzte ein weiteres X in die vierte Spalte.

ZEHN

Mit der Zeit fanden wir unseren Rhythmus in diesem neuen Leben. An den meisten Tagen kam Kin zu Besuch und wir redeten über Bücher, die Sterne und das Meer. Ich wollte auch über Adrian reden, aber Kin weigerte sich. Ich verstand das irgendwie. Als ich gemobbt worden war, fühlte ich mich so klebrig und eklig wie eine Schnecke und es hat ewig gedauert, bis ich mich überwinden konnte, es jemandem zu erzählen.

Dad jammerte ständig über das Licht, quetschte sich mit seinen Kabeln auf der Plattform an uns vorbei, fluchte und schrie dann: »Fluchglas!« Mum war so gut wie nie zu Hause.

Sie blieb oft über Nacht weg, während ihre zwei Wochen mit Kapitän Björn dahinschmolzen. Ich hörte Mum und Dad nicht mehr streiten, nicht einmal wegen der teuren Kamera, aber vielleicht stritten sie sich auch einfach leiser.

Kin und die Sterne lenkten mich meistens von Mums Abwesenheit ab und allmählich konnte ich mir auch die Namen der Sterne

merken. Kin erklärte mir alles über Quadranten und dass sich um einen Stern manchmal hundert verschiedene Legenden rankten. Im Gegenzug erzählte ich ihm von der Forschung meiner Mum, die ihm so weit hergeholt vorkam wie mir seine Geschichten.

»Ein Hai, der älter ist als Bäume?« Er schüttelte den Kopf. »Und sie kann damit verhindern, dass Leute sterben?«

»Nicht ganz«, sagte ich. »Sie versucht, das Altern hinauszuzögern. Meine Großmutter war krank und starb, bevor man eine Heilung für sie finden konnte.«

»Das tut mir leid«, sagte Kin. »Ich finde es schön, dass deine Mum etwas für sie tut. Hat sie schon einen Hai gefunden?«

Ich schüttelte den Kopf. Seit der ersten erfolglosen Nacht auf See schien es etwas besser zu laufen. Sie war meistens tagelang unterwegs und fuhr weite Strecken bis hinauf ins Arktische Meer.

»Es ist so wunderschön, Juli«, seufzte sie dann. »Eines Tages nehme ich dich mit.«

Ich biss mir auf die Zunge und verkniff mir die Frage, warum sie mich nicht *jetzt* mitnahm, gleich heute oder morgen. Aber obwohl Mum mit ihrer neuen Kamera viele Fotos von Orcas und Buckelwalen, von Seehunden und Tümmlern, Eisschollen und allen möglichen Seevögeln mit nach Hause brachte, wurde der Hai kaum noch erwähnt.

Denn wenn Mum bei uns im Leuchtturm war, hatten wir es nicht leicht mit ihr. Einmal, als das Schiff so spät zurückkehrte, dass sie erst am helllichten Tag nach Hause kommen würde, fuhren Dad und ich zu dem großen Supermarkt auf Mainland und kauften ihr eine Packung ihrer Lieblingssorte Sausage Rolls.

Wir banden eine Schleife aus altem Zeitungspapier darum und legten die Packung auf den Tisch, damit Mum sie gleich sehen würde, wenn sie hereinkam. Dann deckten wir den Tisch noch mit Tellern, Messern und Gabeln, damit es wie eine echte Party aussah.

Aber als sich der Schlüssel im Schloss drehte, schien Mum uns kaum wahrzunehmen, geschweige denn die Würstchen. Unter ihren Augen hingen dunkle Schatten, die an Gewitterwolken erinnerten, und sie trug eine Unruhe in sich, als würde im nächsten Moment ein Blitz über den Himmel knistern. Ich musste unwillkürlich an Nudel denken, die manchmal Schatten nachjagt und anderen Dingen, die nicht da sind, was eigentlich süß ist. Aber wenn die eigene Mum das macht, kommt es einem gar nicht süß vor. Ihr volles Gesicht war dünner, kantiger, wie die Möbel in den abgerundeten Räumen des Leuchtturms. Als ob sie nicht mehr in ihre Haut passen würde.

»Hey, Fräulein Juli, hast du mich vermisst?« Sie drückte mich und ich roch das Meer an ihr. Ich nickte in ihren Mantel, wobei der Gummi kleine Quietschgeräusche von sich gab, und fühlte gleichzeitig die Knochen in ihrem Rücken, der normalerweise weich und glatt war.

Ich musste sie nicht fragen, ob sie den Hai gefunden hatte – ihre Umarmung sagte mir, dass sie nicht glücklich war. Sie schloss auch Dad in die Arme, aber statt sich zu uns an den Tisch zu setzen, nahm sie die Packung mit den Sausage Rolls vom Tisch und ging nach oben, während die Schleife aus Zeitungspapier unbeachtet zu Boden segelte und sie irgendetwas über »Arbeit« murmelte.

»Mach dir nichts draus, Juli«, sagte Dad munter. »Hast du Lust auf Pasta?« Aber mir war der Hunger vergangen.

Der Abend lief nicht viel besser. Es war draußen schon dunkel, als Mum endlich zum Abendessen auftauchte und die ganze Zeit über Sichtungen von norwegischen Fischern redete, von denen sie in Internetforen gelesen hatte, und über Finanzierungsanträge. Aber kein bisschen über Dad oder mich.

Mit dem Kopf war sie offenbar noch immer auf dem Meer und suchte nach dem Hai. Als sie mir schließlich doch eine Frage stellte, blickten ihre Augen glasig in die Ferne. Ich wusste, dass sie brillant und sehr klug war, aber sie konnte sich nicht auf mehr als eine Sache auf einmal konzentrieren.

Ein paar Abende lang ging das so und alle paar Tage kam ein dünner DIN-A4-Umschlag mit Mums Namen drauf an: Dr. Maura Farrier.

Den ersten riss Mum am Küchentisch auf.

»Er ist da, Dan, sieh nur!« Doch im nächsten Moment verstummte sie und las den kurzen Brief mit zusammengepressten Lippen. Dann knüllte sie das Blatt zusammen und warf es in den Holzofen, wo es zu Asche verbrannte.

»Nein?«, fragte Dad vorsichtig.

Mum schüttelte den Kopf. »Es gibt schließlich noch mehr Fische im Ozean.«

Sogar ich lachte darüber, denn sie hatte seit ewigen Zeiten keinen ihrer dummen Witze mehr gerissen und ich hatte sie vermisst, auch wenn sie eigentlich schrecklich waren. Die anderen Umschläge waren genauso dünn wie der erste und nach dem dritten öffnete Mum sie nicht mehr in unserer Gegenwart.

Zwei Wochen nachdem wir auf der Insel Unst angekommen waren, schrieb ich gerade in mein Notizbuch, als Mum mit einem Arm voller Blumen und einer Flasche Wein unter dem anderen Arm durch die Tür tanzte.

»Wo ist dein Dad?«, fragte sie und küsste mich auf den Scheitel. Ohne auf eine Antwort zu warten, beugte sie sich über das Geländer und schrie die Treppe hoch: »Dan! Dad! Deine Anwesenheit wird erwünscht!«

Beim Klang ihrer Stimme kam Nudel die Treppe hinuntergerannt. Mum hob sie hoch und setzte sie auf den Tisch.

»Was ist los?« Ich rettete mein Notizbuch, auf das Mum die losen Blumen warf. Sie verweigerte auch dann Verpackungen, wenn sie eigentlich sinnvoll waren.

Mum kramte in den Küchenschränken und holte einen Korkenzieher heraus. »Wir feiern!«

»Was denn?« Dad stand auf der untersten Stufe und musterte Mum misstrauisch. Mit einer schwungvollen Geste zog sie den Korken aus der Flasche, obwohl es erst Mittag war.

»Den Fortschritt!« Sie schenkte drei Gläser Wein ein.

»Die Finanzierung?« Dad machte einen Schritt auf sie zu. Die Erleichterung stand ihm ins Gesicht geschrieben, aber Mum winkte ab.

»Viel besser.« Sie stellte die Gläser vor uns ab und Dad goss den Inhalt meines Glases in seins, ohne dass sie es merkte. Nudel roch daran, stellte fest, dass es nichts war, was sie trinken wollte, und sprang vom Tisch.

»Der Hai?« Ich klatschte in die Hände. »Du hast den Hai gefunden.«

»Noch nicht, aber bald«, sagte sie, hob ihr Glas und prostete uns mit einem triumphierenden Blick zu. »Ich habe ein Boot gekauft!«

Sie trank von ihrem Wein und einen Moment lang war ihr Schlucken das einzige Geräusch in der Stille.

»Ein Boot?«, wiederholte ich langsam, um meinem Gehirn Zeit zu geben, Schritt zu halten.

»Maura«, sagte Dad mit schwacher Stimme. »Was soll das heißen?«

»Was ich gesagt habe, Dummerchen!« Mum goss sich noch mehr Wein ein und ich sah, dass ihre Hände zitterten. Ich schob mein Notizbuch zur Seite, damit sie keinen Wein darauf verschütten konnte, und beobachtete sie nervös. »Kapitän Björn meinte, er könne nicht länger warten, bis die Gelder bewilligt werden, und da dachte ich, warum nicht ein eigenes Boot kaufen?«

»Warum nicht?«, wiederholte Dad. »Weil wir es uns nicht leisten können.«

Mum ignorierte ihn und plapperte mit dieser seltsamen Fröhlichkeit in ihren zu weit aufgerissenen Augen weiter. Ich schob meine Hände unter die Achseln, umarmte mich selbst und atmete ganz langsam, als ob ich sie so beruhigen könnte.

»Ich kann genauso gut segeln wie er«, sagte sie, »und auf lange Sicht ist es sogar billiger. Gin hatte ein altes Fischerboot, das einfach vor sich hin faulte, und ich habe die Transmitter aus Falmouth und den Radar. Es dauert nicht mal eine Woche, um alles klar Schiff zu machen. Natürlich brauche ich deine Hilfe und Julia kann bei den Reparaturen auch mit anpacken, nicht wahr, Juli? Vielleicht hat Kin auch Lust mitzumachen.« Erwartungsvoll blickte sie mich an.

Dad ließ sich auf einen Stuhl sinken und griff nach Mums Hand. »Ich bin nicht sicher, ob …«

Mit einem Ruck zog sie ihre Hand weg. »Ich schicke der Uni gleich eine Mail, um sie von dem neuen Plan in Kenntnis zu setzen.« Sie lächelte uns an und verschwand dann nach oben. Ich sah Dad an, erwartete eine beruhigende Bemerkung oder ein reumütiges Grinsen, eine seiner üblichen Reaktionen auf Mums Pläne, aber sein Gesicht lag vor lauter Sorge in Falten. Ich umarmte mich fester.

»Gib uns eine Minute, Juli«, bat er, und ohne mich anzuschauen, folgte er Mum nach oben. Ich wollte mir nicht noch einen Streit anhören, zog meine Hände unter den Achseln hervor, schnappte mir das gelbe Notizbuch und schob es in meine Tasche.

»Ich fahre zu Kin«, rief ich, und ohne auf eine Antwort zu warten, ging ich zum Schuppen, um mein Fahrrad zu holen.

Meine Gedanken drehten sich so rasend schnell wie die Pedale. Mums unnatürlich helle Augen, die Sorge in Dads Stimme und in meiner Brust die immer größer werdende Nervosität, wann immer wir über den Grönlandhai sprachen. Anfangs war das nicht so gewesen. Anfangs hatte mich die ganze Sache genauso begeistert wie Mum. Aber in ihre Begeisterung hatte sich nun Verzweiflung gemischt.

Es war merkwürdig, aber irgendwie vertraut, als hätte ich sie schon einmal so erlebt. Die Erinnerung daran drang nur verschwommen in mein Bewusstsein, wie durch eine Schicht Vase-

line. Unterschwellig konnte ich den allerschlimmsten Gedanken nicht länger abwehren: diesen verräterischen Verdacht, dass Dad vielleicht recht hatte. Was bedeutete, Mum hatte unrecht.

Meine Beine und meine Lunge brannten, als ich ins Dorf kam, und meinem erhitzten Gesicht nach zu urteilen, war ich so rot wie die Tomaten, die bei uns auf dem Fenstersims wuchsen. Und als ich um die Kurve ins Dorf einfuhr und Adrian und die anderen zwei Jungen auf ihren Rädern auf mich zukommen sah, hielt ich den Kopf gesenkt und hoffte, so unsichtbar zu werden, wie ich es gerade eben für Dad gewesen war. Leider vergeblich.

»Guckt mal, die Freundin von Blümchen!« Adrian schwenkte sein Rad vor meins und ich musste eine Vollbremsung hinlegen.

»Sie ist doppelt so breit wie er«, sagte einer seiner Freunde schnaubend.

»Ist deine Mum nicht die Wal-Expertin?«, fragte der andere. »Hat sie dich deshalb gekriegt?«

Ich funkelte ihn böse an und zog den Bund meiner Jeans hoch, die beim Radeln nach unten gerutscht war. »Sie ist Meeresbiologin.«

Adrian gähnte betont gelangweilt und zeigte seine Zahnlücken. »Mir doch egal.«

Ich stellte meinen Fuß auf das Pedal, aber er rührte sich nicht.

»Entschuldige mal«, sagte ich mit meiner besten Mum-Stimme, die sie immer dann aufsetzt, wenn sich jemand vordrängelt und sie höflich klingen und gleichzeitig klarmachen will, dass die Person mit ihrem Leben spielt. »Lass mich vorbei.«

Adrian stieg von seinem Fahrrad und schob es auf mich zu. Mein Herz hämmerte so laut, dass ich sicher war, er würde es hören.

Er wollte mich doch nicht etwa schlagen, oder doch? Nicht hier, nicht auf der Hauptstraße, mitten am Tag. Doch er ging einfach nur dicht an mir vorbei.

»Bis später, Wal«, höhnte er.

Ich fuhr los und vermied es bewusst, mich umzudrehen.

Kin war in der Bücherei hinter dem Waschsalon. Ich zitterte immer noch ein bisschen von meiner Begegnung mit Adrian und seinen Kumpeln.

»Wir müssen etwas gegen sie unternehmen. Das kann doch nicht so weitergehen mit denen!«

Kins Gesicht verschloss sich, wie immer, wenn es um Adrian ging. »Du musst sie einfach ignorieren.«

»Ziemlich schwierig, wenn sie sich mir direkt in den Weg stellen. Vielleicht sollten wir es Gin erzählen, er ist doch Adrians Großvater, nicht wahr?« Kin antwortete nicht. Er wollte offenbar, dass ich aufhörte, darüber zu reden. Ich seufzte, dann schnipste ich mit den Fingern. Mir war wieder eingefallen, warum ich hergekommen war.

»Gins Boot?« Kins Augenbrauen zuckten nach oben, als ich ihm von Mums Plan erzählte. »Das ist echt alt.«

»Sie kann gut Boote reparieren«, sagte ich. »Und sie meinte, du dürfest mithelfen.«

Kin wirkte nicht überzeugt. »Ich glaube nicht, dass ich das kann.«

»Du hast es ja noch nie versucht«, gab ich zurück. »Das ist eine sehr wichtige Wikinger-Fähigkeit.«

Seine Miene erhellte sich. »Ja, das stimmt wohl. Was müsste ich denn tun?«

Man sagt, dass man im Traum nichts riechen kann, aber in dieser Nacht zog mir der Gestank des Hais in die Nase. Ich versuchte, die Augen zu öffnen, aber sie waren erstarrt wie Glas unter Eis und jeder Atemzug war voller Wasser. Der Hai war unter meinem Bett, so groß wie mein Zimmer, so groß wie der Leuchtturm. Er stieg aus der bodenlosen Tiefe auf, bis er die ganze Insel entwurzelt hatte.

Das Bett war ein Boot,
der Hai eine Flut,
die mich so weit hinaus aufs Meer zog,
bis von mir nur noch ein Fleck blieb,
ein Punkt,
ein Staubkorn,
ein sterbender Stern an einem unendlichen Himmel.

ELF

Die Stimmung im Leuchtturm war seltsam aufgeladen, wie die Luft vor einem Sturm. Mum mit ihrer unnatürlichen Energie war der Blitz und Dad der Donner, der grummelte und grollte und versuchte, ihr die Sache mit dem Boot auszureden. Ich wusste nicht genau, wie Nudel und ich ins Bild passten – eigentlich gar nicht, fand ich. Alles, worüber sie redeten, schimpften und schrien, war das Boot, was nichts anderes hieß, als dass es um Geld ging. Aber Dad konnte sich nicht durchsetzen.

Gin brachte das Boot mit seinem alten Anhänger zu uns und band es in der kleinen Bucht neben dem Leuchtturm an.

»Da haben Sie sich eine ganz schöne Arbeit aufgehalst.« Er lächelte. Ich wollte schon zurücklächeln, als ich sah, wer ihn begleitete: eine Gestalt mit wippenden Haaren und einem mürrischen Gesichtsausdruck. Voller Schrecken wich ich zurück, während Adrian aus dem Auto sprang und half, das Boot vom Anhänger zu holen.

Mum klatschte in die Hände.

»Wartet nur ab, das wird das hübscheste Boot, das Unst je gesehen hat!«

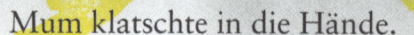

Gin kicherte und Adrian lachte, aber es war kein nettes Lachen. Mir war klar, dass er den Mund halten würde, solange Erwachsene in der Nähe waren, aber ich konnte mich trotzdem erst entspannen, als Gin wieder losfuhr. Er winkte uns zu, während er durch die Schlaglöcher polterte. Als er weg war, drehten wir uns um und betrachteten das Boot.

Ich merkte, dass Dad sich mir zuliebe Mühe gab, gute Miene zum bösen Spiel zu machen, aber ich spürte auch, dass er beunruhigt war. Mir ging es genauso, zumindest ein bisschen. Na ja, eigentlich sogar sehr. Gin hatte das Boot seit Jahren nicht mehr benutzt und der Grund dafür lag auf der Hand. Es sah aus wie ein Wrack, das an den Kiesstrand gespült worden war. Der Rumpf musste geflickt werden und aus den Polsterungen der Bänke in der kleinen Kabine quoll die Füllung. Das Ding stank nach Fisch und es gab kaum genug Platz für die ganze Ausrüstung, die Mum brauchte.

»Das wird gemütlich«, sagte Mum fröhlich, »außerdem ist dieses Boot viel schneller als die *Floe*. Ich werde den Hai im Nullkommanichts finden.«

Kin kam, um uns zu helfen, und Mum überließ uns das Teeren des Rumpfs. Wir hatten schwarze Hände, die wir tagelang nicht mehr sauber bekamen, und rochen nach geschmolzenem Straßenbelag. Dad überholte die Elektronik. Ich hatte das Gefühl, dass er froh war, eine Weile nicht am Leuchtturm arbeiten zu müssen. Aus dem Schnaufen und Fluchen, das jeden Tag aus seinem Arbeitszimmer drang, und aus der Tatsache, dass die Leuchtlampe immer noch dunkel war, schloss ich, dass die Sache nicht besonders gut lief. Er verbrachte die ganze Woche damit, die

Software zu installieren, die Mum benötigte, und fuhr nach Mainland, um neue Rettungswesten, Leuchtpistolen und Notsignale zu kaufen.

Bevor er losfuhr, erklärte Mum, dass Gin vorbeikommen wolle, um unsere Arbeit am Rumpf zu überprüfen. Aber Gin tauchte nicht auf. Als Dad vom Einkaufen heimkehrte und fragte, wie es gelaufen sei, antwortete Mum in dieser schrillen Stimme: »Großartig!«. Ich biss mir auf die Zunge.

Sie tanzte durch den Leuchtturm, kochte riesige Mengen Bohneneintopf, pflanzte Chilis, setzte ihre Tomaten in den Nudeltöpfchen um und aß eine Menge Sausage Rolls. Sie schien abwesend und gleichzeitig hoch konzentriert zu sein und ich fragte mich, ob es bei Mozart ähnlich gewesen war, von dem Miss Braimer behauptete, er sei in der Musik ein Genie gewesen und im normalen Leben eine totale Niete.

Eine Woche nachdem wir es als verrostetes Wrack bekommen hatten, war das Boot bereit für seine Jungfernfahrt.

»Sieht gut aus«, sagte Dad. Seine Stimme klang ehrlich beeindruckt und ich musste ihm zustimmen. Mum hatte den Rumpf weiß und grau gestrichen, sodass er einer Möwe ähnelte. Mit großen, geschwungenen Buchstaben hatte sie den Namen auf die Seite geschrieben, ein bisschen wackelig und am Ende in einem Bogen auslaufend, als sie keine Lust mehr hatte.

Julia & der Hai

Mein Herz hüpfte vor Freude. Der Anblick meines Namens neben dem Wort »Hai« entschädigte mich für Mums Launen. Ich war ihr wichtig, genauso wie ihre Forschung.

Dad ließ das Boot zu Wasser und wir alle jubelten, als wir sahen, dass es dicht war. Kin und ich klatschten uns ab.

»Ausgezeichnet geteert«, sagte ich und verbeugte mich.

»Das Kompliment gebe ich gerne zurück«, sagte er und verbeugte sich ebenfalls.

Mum lachte schnaubend. »In der Tat: ausgezeichnete Arbeit. Wir können Gin und seinen Enkel einladen, mit uns rauszufahren.«

Kin zuckte merklich zusammen, aber Mum plapperte weiter. »Machen wir ein Foto. Ich hole die Kamera.«

Sie lief hinein und Dad bückte sich, um Nudel hochzuheben, die auf keinem unserer Familienfotos fehlen durfte.

»Gut gemacht«, sagte er und grinste Kin und mich an. »Vielleicht kann sie es in ein paar Wochen mit einem hübschen Gewinn wieder verkaufen.«

Mein Magen sackte ab. Ich hatte nicht daran gedacht, wie wenig Zeit Mum noch blieb, um den Hai zu finden. Oder wie wenig Zeit ich noch mit Kin hatte. Ich schaute nicht zu ihm hin, aber vielleicht dachte er das Gleiche, denn er rückte ein bisschen näher an mich heran.

Aus dem Leuchtturm drang ein Schrei. Dad runzelte die Stirn, aber noch ehe er einen Schritt machen konnte, kam Mum den Hang hinuntergerannt. Ihre übergroße Strickjacke rutschte ihr über die Schultern auf den Rücken. Die Augen hatte sie weit aufgerissen.

»Warst du das?«, rief sie und wedelte mit einem Gegenstand vor Dads Augen herum. Es war der alte Fotoapparat, mit dem ich die Sterne aufgenommen hatte.

»Mum?« Sie wirbelte herum und versuchte, ihre Strickjacke hochzuziehen. Kin wich einen Schritt zurück.

»Julia, Kin, ich glaube, ihr geht besser mal kurz rein.« Sie drehte sich wieder zu Dad um. »Hast du den benutzt?«

»Nein, Mum, ich …« Ich schluckte. »Ich habe ihn mir ausgeliehen. Ich habe gut darauf aufgepasst …«

Sie schaltete die Kamera ein und diese erwachte mit einem leisen Sirren zum Leben. Meine Schuldgefühle wurden weniger. Sie war nicht kaputt.

»Hast du die gemacht?« Ihre Stimme klang ruhig, hatte aber einen leicht zitternden Unterton. Sie sah die Fotos von den Sternbildern durch.

»Ja …«, setzte ich an.

»Hast du welche gelöscht?«

»Nein, ich …« Ich hielt inne und erinnerte mich an das leere Feld und den Vogelschwarm. »Doch, kann sein. Die Karte war voll. Es war nichts Wichtiges.«

»Nichts Wichtiges«, sagte Mum tonlos und das war beängstigender, als wenn sie geschrien und getobt hätte. Mit einer hilflosen Geste drehte sie sich zu Dad um. »Gretna Green, Dan. Sie hat die Fotos gelöscht, die ich von dem Schwarm gemacht habe, beim letzten Mal.«

Das sagte mir gar nichts, Dad aber offenbar schon. »Maura, schon gut. Du hast bestimmt irgendwo eine Sicherungskopie davon.«

Sie schüttelte den Kopf. »Ich habe das USB-Kabel verloren, weißt du noch? Ich wollte ein neues bestellen. Aber ich habe nicht mehr daran gedacht, wegen dieser ganzen Finanzierungssache.«

»Julia wusste es nicht«, sagte Dad. »Es ist alles gut, Juli. Ist es doch, nicht wahr?«

Mum stand mit dem Rücken zu mir. Sie atmete tief ein und schwer aus, als würde sie weinen.

»Maura?«, sagte Dad.

»Nicht jetzt, Dan.« Ihre Stimme brach. Ich wusste, es war meine Schuld. Meine Augen brannten, der Leuchtturm hinter Mum wurde unscharf, die Tränen breiteten sich aus, bis ich nichts mehr sehen konnte. Es war, als würde der Hai durchbrechen und alles in schimmernde Fragmente auflösen.

»Wir sollten besser …«, sagte Dad und warf Kin einen reumütigen Blick zu. »Kin, wir machen das Foto ein andermal, einverstanden?«

Ich wollte nicht, dass Kin ging, aber ich konnte ihn nicht bitten zu bleiben, nicht wenn Mum sich so aufregte. Eine heiße Welle der Verlegenheit wanderte über meine Wangen und ich senkte den Kopf, während ich Kins Blick auf mir fühlte.

»Schon gut«, sagte er unsicher. »Ich gehe dann wohl besser mal?«

Das Fragezeichen war an mich gerichtet, aber ich wollte ihn nicht ansehen, weil er dann bemerkt hätte, wie mir die Tränen mittlerweile von den Wangen tropften.

»Bis bald, Julia.« Kins Hand, die meine ganz kurz drückte, war warm und trocken und ich hörte das Knirschen von Dads und Kins Schuhen, als sie gemeinsam den Hang hinauf zu Kins

Fahrrad gingen. Als ich ganz sicher war, dass Kin nicht mehr zu mir sah, blickte ich zu Mum auf. Sie stand über die Kamera gebeugt da, immer noch mit dem Rücken zu mir, und atmete tief.

»Mum?«

Sie zuckte zusammen und ich fühlte mich genauso wie vor zwei Jahren, als ich von einem Klettergerüst gefallen und mir alle Luft aus den Lungen gepresst worden war.

Dad kam zurück und zog mich in seine warmen Arme. »Mum, Julia muss mal geknuddelt werden.«

Sie drehte sich um. Den Fotoapparat an ihre Brust gedrückt, schaute sie uns mit glasigen Augen an. Sie sah aus wie jemand aus einem sehr traurigen Film; das Licht legte sich grau und schwer auf ihre Schultern und ihre Haut war fleckig, so wie die des Hais.

»Mum?«, drängte Dad. »Maura?«

Mum machte einen Schritt auf mich zu und umarmte mich. Aber die Umarmung fühlte sich stachelig und seltsam an, wo doch Mums Umarmungen normalerweise so waren, als würde man in ein weiches, warmes Bett springen. Ich konnte sie nicht an mich drücken, nicht richtig jedenfalls.

»Na also«, sagte Dad munter. »Alles wieder gut. Wollen wir jetzt das Foto machen?«

»Foto?« Mum ließ mich los und schaute wieder die Kamera an. Die *Julia & der Hai* schaukelte vergessen auf den seichten Wellen hinter uns.

ZWÖLF

Mum ging nach oben, und während Dad einen Kessel mit Wasser aufsetzte, hockte ich mich an den Küchentisch. In mir drehte sich alles wie die Trommel in einer von Kins Waschmaschinen. Dad plapperte fröhlich und ich merkte, dass er hoffte, ich würde vergessen, was gerade geschehen war, und ebenso gut gelaunt sein. Aber das konnte ich nicht.

»Dad«, sagte ich, als er schließlich aufhörte zu reden, um Luft zu holen, »was ist Gretna Green?«

Seine Schultern spannten sich leicht an, aber seine Stimme klang immer noch unbekümmert, während er einen Teebeutel in eine Tasse warf.

»Nur ein Ort, der deiner Mum wichtig ist.« Ich wartete ab. Dad seufzte. »Dort kann man Schwarmverhalten beobachten.«

»Schwarmverhalten.« Ich drehte das Wort um. Es kam mir vertraut vor, aber ich wusste nicht, woher ich es kannte.

»Vögel«, erklärte Dad. »Sie fliegen dorthin, um zu brüten. Tausende, manchmal Hunderttausende.«

Mums Antwort auf meine Frage wäre vermutlich viel leben-

diger ausgefallen. Aber Worte sind nun mal Mums Ding, während Dad – wen wundert's? – sich auf Zahlen konzentriert.

»Sie hat dort die Asche ihrer Mum verstreut«, fuhr er fort. »In dem Jahr, in dem die Vögel dort brüteten, war sie mit dir schwanger.« Ich machte wohl ein unglückliches Gesicht, denn Dad redete schnell weiter. »Keine Sorge, sie ist nur müde. Du weißt doch, was für ein Ungeheuer sie sein kann, wenn sie müde ist. Die Sache mit dem Boot hat uns alle ausgelaugt.«

»Aber …« Ich biss mir auf die Unterlippe, weil ich nicht wusste, wie ich das, was ich sagen wollte, ausdrücken sollte. Zum ersten Mal wünschte ich mir, ich könnte denken wie Dad, könnte meine Gedanken in einer Summe benennen, ihm eine Gleichung vorsetzen, die er begriff.

»Es ist alles in Ordnung, Julia«, sagte Dad leise. In seinen Augen lag ein zärtlicher Ausdruck, bei dessen Anblick ich am liebsten geweint hätte. »Was ist los?«

»Ich glaube, ich erinnere mich …«

Dad wartete ab. Ich redete mit meinen Fingerspitzen, die ich in meinem Schoß so heftig verdrehte, dass sie ganz weiß wurden. Ich wusste, dass ich es so sagen musste, wie er es tun würde: binär und direkt.

»Sie war schon einmal so.«

Dads Lauschen wurde laut. Du weißt schon, das passiert, wenn sich jemand ganz stark konzentriert und man das Rauschen seiner Konzentration hören kann.

Ich kniff die Augen zusammen, um die Erinnerung besser greifen zu können. Mum in unserem Garten in Cornwall, unter der Esche, zusammengesunken wie ein schlaffes Blatt Papier. Bebende

Schultern, Schluchzen. Ich erschauderte und sah zu Dad auf. Sein Gesicht war offen und liebevoll.

»Ich weiß es wieder, damals war ich noch klein. Sie lief die ganze Zeit herum, war so merkwürdig, und dann weinte sie im Garten.«

Dad berührte leicht meinen Kopf, als ob er versuchen würde, meine rasenden Gedanken aufzuhalten. »Du bist ein wirklich kluges Mädchen, Julia. Du warst noch sehr, sehr klein, als das passierte.«

»Also ist es passiert?«

»Ja.« Dads Stimme war kaum mehr als ein Flüstern. »Als du drei Jahre alt warst. Und schon einmal davor, als sie schwanger war. Aber es hat nichts mit dir zu tun, Julia. Es liegt nur an dem Hai.«

Ich hatte gar nicht gedacht, dass ich der Grund gewesen sein könnte, bis er es sagte. Aber der Hai war während ihrer Schwangerschaft nicht da gewesen, und auch nicht später, als ich drei war. Ich dagegen schon. Mein Herz fing laut an zu klopfen.

»Sie hat sich damals erholt und sie wird sich auch diesmal erholen«, sagte Dad, der mein Schweigen offenbar als gutes Zeichen deutete, denn er nahm die Hand von meinem Kopf – der sich anfühlte, als ob er sich von meinem Hals abkoppeln und davonfliegen würde. Dad drückte den Teebeutel aus, legte ihn beiseite, damit Mum ihn als Dünger für ihre Tomaten benutzen konnte, und goss etwas Milch in ihre blaue Lieblingstasse. »Möchtest du ihr das nach oben bringen?«

Mit einem seltsam nervösen Gefühl kreiselte ich die Treppe hoch, während die Waschmaschine in meinem Bauch den Schleudergang einlegte. Die Zimmertür meiner Eltern war zu. Nudel saß hoffnungsvoll davor. Ich kraulte ihr den Nacken und legte mein Ohr an die Tür, um herauszufinden, ob Mum weinte. Ich hörte keinen Laut. Ich klopfte. Es kam keine Antwort und ich überlegte, ob ich den Tee einfach auf den Boden stellen und wieder gehen sollte. Aber das war dumm. Es war doch bloß Mum.

Ich schob die Tür auf und Nudel schlängelte sich hinter mir ins Zimmer. Hier drin war es dämmrig, die Luft war abgestanden. Auf dem unordentlichen Bett regte sich eine Gestalt. Einen Moment lang sah das Bett aus wie der Ozean, in dem sich eine Flosse durch die Wellen schob – aber es war nur Mums Hand, die sie nach mir ausstreckte. »Komm her, Juli.«

Ich stellte den Tee auf dem Nachttisch ab und kletterte zu ihr ins Bett. Sie fühlte sich nicht richtig warm an, obwohl sie die Decke bis zum Kinn hochgezogen hatte, und ihr Atem roch säuerlich. Trotzdem kuschelte ich mich eng an sie und versuchte, es mir an den neuen, fremden Kanten ihres Körpers bequem zu machen. Nudel kraxelte auf uns beide drauf und machte sich lang wie eine Wurst.

Ich versuchte, mich zu entspannen, versuchte, ihre Nähe zu genießen, aber ihre Stimme war zu traurig, ihr Körper zu dünn. Sie kam mir vor wie eine Fremde. Sie roch nicht einmal wie Mum – sie roch wie das Innere eines Hauses. Aber schon bald, dachte ich, würde sie mit dem Boot hinausfahren, und dann würde sie wieder normal sein. Sie würde sich erholen, wie Dad gesagt hatte. Sie hatte es schon einmal getan. Sie musste sich erholen.

Wir lauschten Nudels Schnurren. Etwas nagte an mir wie die Parasiten, die sich an die Augäpfel des Grönlandhais klammern,

bis er blind wird, und in der Dunkelheit fasste ich mir ein Herz und fragte sie.

»Mum? Warum hast du Dad angelogen?«

Mum versteifte sich leicht und Nudel stieß ein warnendes Miauen aus. »Wann?«

»Als du sagtest, Gin wäre da gewesen, um sich das Boot anzusehen.«

»Ach das.« Sie entspannte sich wieder und gähnte, obwohl es erst Nachmittag war. »Weil Gin es eine ganze Weile nicht einrichten kann und ich vorankommen wollte. Es ging doch alles gut, nicht wahr?«

»Das weißt du noch gar nicht«, beharrte ich. Das Boot war gerade erst zu Wasser gelassen worden.

»Doch, ich weiß es«, sagte sie und es war so schön, diesen selbstsicheren Ton wieder zu hören, dass ich nicht länger widersprach.

»Warum hast du so komisch reagiert, als ich Gins Enkel erwähnte?« Sie tat es schon wieder: sprang von einem Gedanken zum nächsten, ohne dass man merkte, wie sie dorthin gelangt war.

»Wie denn?«

»Willst du darüber reden?«

Ich schüttelte den Kopf, aber sie ließ das Thema nicht fallen. »Meine beste Freundin wurde in der Schule gemobbt. Sie hatte große Ohren und einer der älteren Jungen hat sie immer daran hochgehoben.«

»Das ist es nicht«, sagte ich entsetzt. Kin hatte ganz normale Ohren. »Hat sie es überstanden?«

»Aber ja«, antwortete Mum mit einem Schnauben. »Die Sache mit Mobbern ist, dass sie sich immer Leute aussuchen, die sie für schwächer halten. Also haben wir seine Schwäche herausgefunden. Er hatte Angst vor Spinnen und ich habe eine Woche lang jede tote Spinne aufgesammelt, die ich gefunden habe, und sie ihm dann alle ins Hemd geschüttet.«

Sie wedelte mit den Armen und tat so, als würde sie panisch schreien. Nudel sprang erschrocken mit gesträubtem Fell vom Bett und es dauerte nicht lange, da lachten wir beide aus vollem Hals. Mum hörte zuerst auf und seufzte tief. Ich fühlte, wie sich die Stimmung im Zimmer wieder veränderte, wie sie trüb und traurig wurde.

»Es wird alles in Ordnung kommen«, sagte Mum mehr zu sich selbst als zu mir. »Ich werde den Hai finden. Ich brauche nur Menschen, die an mich glauben.«

Ein schreckliches, niederschmetterndes Gefühl machte sich in mir breit. Ich hatte in letzter Zeit nicht mehr an sie geglaubt. Der Beweis dafür war mein gelbes Notizbuch, die Spalten mit den Koordinaten und den Kreuzen. Ich musste mehr wie Mum sein. Ich musste meine Worte benutzen.

»Ich glaube an dich.«

Mum lachte, aber es war ein harter Klang, wie eine Faust, die auf Holz schlägt. »Hast du vielleicht fünfzehn Millionen Pfund, Juli?« Mum bewegte sich ungeduldig. »Rutsch mal ein Stück. Du zerquetschst mich ja.«

Ihre Augenlider senkten sich flatternd, ich krabbelte aus dem Bett und zog die Tür hinter mir zu. Aber in Wahrheit fühlte es sich so an, als hätte Mum mir die Tür vor der Nase zugeschlagen.

Ausnahmsweise war ich über Wasser.
Ausnahmsweise hatte ich keine Angst.
Der riesige Himmel erstreckte sich über mir,
hoch oben flog ein kleiner Schwarm Vögel.

Sie tauchten und drehten sich und stiegen,
und während
sie Formen an den klaren Himmel
malten, kamen immer mehr und mehr
und mehr.

Sie sahen aus wie eine Wolke, wie ein aufziehender
Sturm. Und dann waren es so viele, dass sich Risse
im Himmel
bildeten – ein blauer Ballon,
der von Vögeln nur so wimmelte.

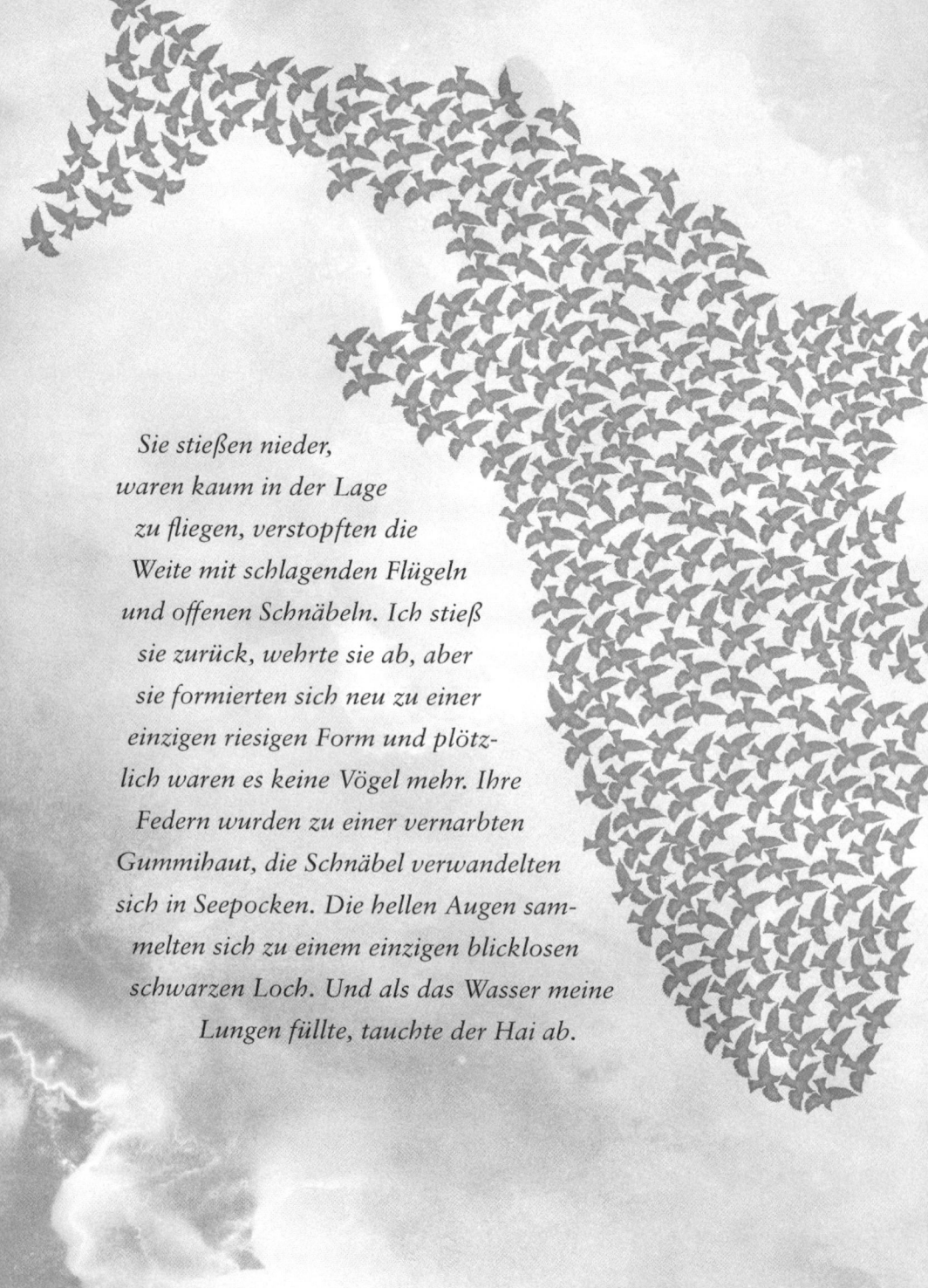

Sie stießen nieder,
waren kaum in der Lage
zu fliegen, verstopften die
Weite mit schlagenden Flügeln
und offenen Schnäbeln. Ich stieß
sie zurück, wehrte sie ab, aber
sie formierten sich neu zu einer
einzigen riesigen Form und plötzlich waren es keine Vögel mehr. Ihre
Federn wurden zu einer vernarbten
Gummihaut, die Schnäbel verwandelten
sich in Seepocken. Die hellen Augen sam-
melten sich zu einem einzigen blicklosen
schwarzen Loch. Und als das Wasser meine
Lungen füllte, tauchte der Hai ab.

DREIZEHN

Wir waren nur zu viert auf der Jungfernfahrt der *Julia & der Hai*. Nudel gefiel das Boot auf Anhieb. Sie sprang in den Bug und lehnte sich wie eine Gallionsfigur gegen den Wind, was ich als gutes Omen deutete. Ein weiteres war die Tatsache, dass Mum mich den Schlüssel im Zündschloss umdrehen ließ und der Motor auf Anhieb ansprang.

»High Five, Juli!«, sagte sie.

Ihre Stimme klang fröhlich und begeistert.

Sie gab sich Mühe, das konnte ich spüren. Aber genau da lag ein Teil des Problems. Ihr Lächeln war dünn und zerbrechlich wie eine Maske aus Transparentpapier, durch das ihre bekümmerte Miene schimmerte.

Ich setzte mich auf den geflickten Ledersitz und Dad legte mir den Arm um die Schultern. Ich fragte mich, ob er Mums Maske auch bemerkte. Sein Griff verstärkte sich, als Mum das Boot aus der Bucht hinaussteuerte. Dann lehnte er sich zurück und

schloss die Augen. Er mochte Boote im Grunde genommen nicht. Trotzdem hatte er Mum geheiratet.

Es dauerte nicht lange, da war der Leuchtturm nur noch ein Fleck. Das Boot war so schnell, dass Mum den Motor sogar etwas drosselte. Gischt sprühte auf uns nieder und nach ein paar Minuten war mein Pullover von einer Schicht aus Tropfen bedeckt. Ich kuschelte mich enger an Dad, und als wir das offene Meer erreicht hatten, schien er sich ein bisschen zu entspannen. Die See war ruhig, es herrschte weder Wind noch hoher Wellengang und er setzte sich schließlich mit Nudel auf dem Schoß ins Heck.

Mum schaltete den Motor aus und holte ihre Seekarte hervor. Sie war laminiert und riesengroß. Ganz ausgebreitet würde sie kaum in die Küche des Leuchtturms passen, weshalb man sie zu Quadraten falten musste, die mit den schwarzen Buchstaben von Mums unordentlicher Handschrift bedeckt waren. Überall sah man Kreuze und schuldbewusst dachte ich an mein Notizbuch, in dem ähnliche Kreuze Mums tägliche Misserfolge dokumentierten.

»Hier wurde der Hai zuletzt gesichtet, von einem Fischer-

boot.« Sie deutete auf eine Stelle, die näher an Shetland lag, als ich erwartet hatte. »Er schwimmt nur ungefähr eine halbe Meile pro Stunde. Das ist der Radius, den ich mir vornehmen werde.« Sie zeigte mir das Gebiet, das etwa zwei Quadrate umfasste. Selbst wenn es auf dieser riesigen Karte klein aussah, war mir klar, dass man einen derart großen Teil des Ozeans nicht so leicht absuchen konnte. Nicht, wenn man ganz allein war und nach einem einzelnen Hai suchte.

»Ich kann dir helfen«, sagte ich. »Darf ich mitkommen?«

»Das geht nicht«, sagte Mum. »Es ist ohnehin schon viel zu eng hier mit der ganzen Ausrüstung.« Ich versuchte, mir nicht anmerken zu lassen, wie sehr ihre Worte mich kränkten, aber Mum schaute mich auch gar nicht an.

Ich war nicht nur enttäuscht, sondern auch besorgt. Dieses Meer kam mir riesengroß vor. In Cornwall konnte man immer irgendwo Land sehen und ich wusste, dass in einer Richtung Irland lag, England und Wales in der anderen. Aber hier gab es nichts und unser Leuchtturm war nur ein Punkt auf Unst, das am Horizont hinter uns ebenfalls zu einem Punkt wurde, so klein und so durchscheinend, dass ich dachte, ich könnte es mit meinem Daumen wegreiben. Norwegen befand sich irgendwo da drüben, im Osten, und Island im Westen. Alles kam mir so viel wilder und weiter vor als die Orte, die Mum gewohnt war.

Und irgendwo in den Tiefen des Meeres lauerte der Hai, der langsamer als die Zeit schwamm und immer älter wurde und so regelmäßig wuchs wie ein Baum.

Die Jungfernfahrt der *Julia & der Hai* schien für alle ein gutes Zeichen zu sein, denn am nächsten Tag stellte Dad seine Programmierung fertig. Er und Mum tranken zur Feier des Tages jeder eine ganze Flasche Wein und wir gingen nach draußen und schauten zu, wie sich das Leuchtfeuer bei Einbruch der Dunkelheit von selbst einschaltete. Von da an konnten Kin und ich nicht mehr in die Sterne gucken, aber er kam trotzdem zu mir und wir sahen dem Lichtstrahl nach, der das Meer absuchte.

In manchen Nächten war auch Mum dort draußen auf dem Meer, und während Dad morgens mit dunklen Ringen unter den Augen in der Küche auftauchte, konnte ich kaum schlafen. Ich lenkte mich mit den Sternen ab. Ein Meteoritenschauer stand bevor, und weil nun das Leuchtfeuer jede Nacht brannte, hatten Kin und ich ausgemacht, uns das Spektakel von einer Klippe in der Nähe aus anzuschauen.

Obwohl Dad mit seiner Arbeit fertig war, war keine Rede davon, früher heimzukehren. Dad telefonierte mit der Bank in Cornwall und an den meisten Abenden gab es Küchenschrank-Risotto. Ein Teil von mir beharrte darauf, dass es mich nicht kümmerte, dass nur Mums Suche nach dem Hai wichtig war, aber ein anderer, stillerer und größerer Teil von mir wünschte sich, sie würde damit aufhören und zu mir zurückkommen.

Ich bekam die Erlaubnis, mir zusammen mit Kin den Meteoritenschauer anzuschauen, weil wir behaupteten, dass Neeta auch kommen würde – was natürlich nicht stimmte. Wir radelten an der Küste entlang zur Klippe, immer bergauf, während der Himmel über uns ständig dunkler und der Leuchtturm hinter uns immer kleiner wurde.

Kin hatte sich das Teleskop auf den Rücken geschnallt, und die Fahrradlampe, die Dad für mich gemacht hatte, spiegelte sich in dem Metall der Röhre. Als wir uns der Stelle näherten, die mir Kin auf der Karte gezeigt hatte, roch ich etwas. Rauch. Kin bremste abrupt ab und ich musste einen Schlenker fahren, um nicht gegen ihn zu prallen.

»Was ist los?«

Seine Augen unter dem Helm waren riesengroß, er starrte stur geradeaus. »Adrian«, hauchte er.

Ich folgte seinem Blick und sah ein kleines Feuer auf der Klippe, um das drei Gestalten saßen. Die Haare einer der Gestalten waren unverkennbar.

»Lass uns zurückfahren«, murmelte Kin und wollte das Fahrrad wenden.

»Auf keinen Fall«, sagte ich. »Wir haben uns schon die ganze Woche darauf gefreut. Wir können doch weiterfahren.«

Aber Kin schüttelte den Kopf und ich wollte schon nachgeben und ebenfalls umkehren, als vom Feuer ein Ruf ertönte.

»He! Blümchen! Wal!« Ich sah, wie ihre Silhouetten größer wurden, als sie aufstanden und auf uns zukamen.

»Weg hier!«, rief Kin panisch, aber er konnte mit dem Teleskop auf dem Rücken nicht so gut das Gleichgewicht halten. Er rutschte seitlich vom Sattel und sein Hosenbein verhakte sich in der Gangschaltung.

Ich schaute über die Schulter und dachte zu spät daran, dass ich das Fahrradlicht hätte ausschalten sollen. Die Jungen kreisten uns ein, während ich Kin beim Aufstehen half.

»Was haben wir denn hier?« Adrian lächelte mit verschränkten Armen. Im Licht der Fahrradlampe sah er unheimlich aus, wie er so dastand, flankiert von seinen zwei Freunden. Wie drei Zombies aus einem Horrorfilm. »Richard, Olly, guckt mal, was wir gefunden haben.«

»Im Grunde genommen haben wir euch gefunden«, gab ich zurück.

»Im Grunde genommen«, äffte Adrian mich nach und Richard und Olly lachten. »Alles klar, Nerd, immer mit der Ruhe.«

»Ich bin die Ruhe selbst.«

»Also gibst du zu, dass du ein Nerd bist?«

»Von mir aus.« Kin zog mich am Ärmel, aber ich blieb, wo ich war. Mum hatte mir erzählt, dass Mobber auf Schwäche reagierten, also würde ich stark sein. »Wenigstens habe ich ein Gehirn.«

Richard schnaubte und Adrian stieß ihn mit dem Ellbogen in die Rippen. »Haben Wale überhaupt Gehirne?«

»Klar«, sagte ich. Ich fasste Mut. »Und zwar viel größere als deins. Bist du dumm oder so?«

Diesmal prustete auch Olly und Adrian fuhr zu ihm herum. »Lass das!«

»Julia, komm, wir gehen«, murmelte Kin.

»Was ist denn das, Blümchen?« Adrian stapfte auf Kin zu und deutete auf das Teleskop. »Gib mal her.«

Mit dem Fahrrad zwischen den Beinen wich Kin zurück. »Das gehört meinem Dad.«

»Er hat bestimmt nichts dagegen. Gib her.«

Adrian stürzte sich darauf und Kin wich noch weiter zurück, was dazu führte, dass er hinfiel. Ich hörte ein Knirschen, das nichts Gutes verhieß.

»Ups!«, sagte Adrian mit gespieltem Schrecken, als ich zu Kin eilte.

»Wenn du es kaputt gemacht hast«, zischte ich wütend und funkelte den Jungen an. Ich spürte, wie mich Hass durchfuhr, rein und heiß und mächtig.

»Ich werd's seinem Dad erklären, okay?«, sagte Adrian gelangweilt. »Oh, Moment, er versteht ja gar kein Englisch, nicht wahr?«

Diesmal musste ich Kin zurückhalten, was mir im Gegensatz zu ihm gelang, weil ich größer war.

»Ich erzähle deinem Großvater, was du gesagt hast«, stieß ich aus. »Das wird ihm nicht gefallen.«

»Na und? Mach doch«, entgegnete Adrian. Dann schien ihm etwas einzufallen. »Was macht eigentlich das Boot deiner Mutter. Ist es schon gesunken?«

Entsetzen und Zorn schwappten durch mich hindurch. Ich ließ Kin los und machte einen Schritt auf Adrian zu. Meine Fäuste waren so fest geballt, dass mir die Fingernägel in die Handflächen schnitten. »Sag das nicht.«

»Sie ist 'n Freak, genau wie du«, sagte Adrian grinsend.

»Und deine Mum ist ein Loser, so wie du?«

Adrian grinste nicht mehr. »Was hast du gesagt?«

»Wo ist sie überhaupt?«

Kin zupfte mich am Ärmel. »Julia …«

»Warum ist sie nicht hier?«

»Sei still.« Adrians Stimme war dumpf und drohend, aber es lag noch etwas anderes darin. Ein Zittern. Eine Schwäche, genau wie Mum gesagt hatte. Ich stürzte mich darauf.

»Ist sie abgehauen, weil ihr klar geworden ist, dass sie dich nicht leiden kann?«

»Nimm das zurück!«, schrie Adrian.

»Es muss ja auch eine Riesenenttäuschung sein.« Ich fühlte mich mächtig, wie ich da stand und ihn anstarrte. Sein Gesicht war bleich, die Augenlider flatterten. Ich zog die Schlinge enger. »So einen Loser zum Sohn zu haben.«

Adrian rastete aus.

Ich kann mich nicht erinnern, dass er mich schlug. Ich weiß nur, dass ich auf einmal im feuchten Gras lag und nach Luft schnappte, während Hände Adrian packten und ihn von mir wegzerrten.

»Nimm das zurück!«, schrie er und jetzt hörte ich, wie seine Stimme beinahe brach. Während ich keuchend dalag, sah ich, dass Tränen in seinen Augen schwammen.

»Lass gut sein, Adrian.« Richard und Olly zogen ihn mit sich. »Gehen wir.«

Mit Adrian in ihrer Mitte rannten sie zurück zum Feuer. Kin kniete sich neben mich. »Alles okay?«

Langsam setzte ich mich auf und rieb mir prüfend den Bauch. »Ja. Ich habe einfach nicht damit gerechnet.«

»Genauso wenig wie Adrian.« Kins Augen waren groß wie die einer Eule. »Woher weißt du das?«

»Weiß ich was?«

»Die Sache mit seiner Mum. Das war nicht …« Er zögerte. »Das war nicht nett, Julia.«

»Er war auch nicht nett!«, gab ich zurück. Ich konnte nicht fassen, dass Kin mich zurechtwies. »Er hat mich gefragt, ob Mums Boot gesunken ist!«

»Aber das ist nicht passiert«, sagte Kin. »Adrians Mum hat ihn wirklich verlassen. Und seinen Dad. Vor ein paar Jahren.«

»Davon hatte ich keine Ahnung.«

»Trotzdem«, murmelte Kin. Er sah mich an, als wäre ich eine Fremde. »Sein Dad ist nicht besonders sympathisch. Er hat mit meinem Dad geredet, so wie Adrian mit mir redet, nur viel schlimmer. Er ist auch weggegangen, im letzten Jahr. Er arbeitet jetzt auf einer Ölplattform. Deshalb lebt Adrian bei Gin.«

Ich rappelte mich auf und musste an Adrians Gesicht denken, an seine Tränen. Ich hatte seine Schwäche gefunden und jetzt fühlte ich mich schlecht. Kin begutachtete das Teleskop.

»Ist es heil geblieben?«

Unglücklich schüttelte er den Kopf. »Ich muss es sofort zu *Bapi* bringen.«

Ich wischte mir den Dreck von den Jeans. »Ich komme mit und erkläre ihm die Sache.«

»Nein«, sagte Kin ein bisschen zu laut. »Du hast schon genug angerichtet.«

Er radelte davon und verschwand in der Dunkelheit. Ich biss mir auf die Lippe, um zu verhindern, dass sie anfing zu zittern, stieg wieder auf mein Fahrrad und ließ mich von dem Lichtschein meiner Lampe zurück zum Leuchtturm führen.

Im Näherkommen merkte ich, dass es dunkler wurde statt heller. Das Leuchtfeuer war wieder aus. Ich schob mein Rad in den Schuppen und ging hinein. Nur Nudel kam mir entgegen, um mich zu begrüßen. Ich nahm sie auf den Arm und ging die Treppe hoch. Als ich an Dads Arbeitszimmer vorbeikam, hörte ich ihn fluchen. Mum streckte den Kopf heraus.

»Tut mir leid wegen der Flüche«, sagte sie. »Die Leuchtlampe funktioniert schon wieder nicht.«

»Ja, das hat Juli vermutlich schon bemerkt«, murmelte Dad. Ich sah ihn auf der Leiter in der Mitte des Raums stehen, mit Drähten, die an seinem Arm herunterhingen.

Mum verdrehte die Augen. »Wie war der Meteoritenschauer?«

»Kin konnte leider nicht kommen«, log ich. »Ich wollte gerade raufgehen und ihn mir anschauen.«

»Prima!«, sagte Mum fröhlich. Sie war so abgelenkt, dass sie meine Lüge nicht einmal bemerkte. »Ich komme nachher auch. Nimm das Krabbennetz mit. Wir können versuchen, ein paar Sterne zu fangen.«

Es war ein kindischer Scherz, etwas, das ich früher gemacht hatte, als ich noch klein war und Sterne aus Pfützen fischen wollte. Aber ich nahm das Netz trotzdem mit, ging auf die Plattform und wartete.

Nudel wurde langweilig. Sie sprang aus meinen Armen und huschte wieder hinein. Ich wartete noch eine Weile, dann fing der Himmel an zu funkeln. Strahlend helle Lichtpunkte streiften den Himmel, anfangs nur einer, dann zwei.

Und dann einer oder zwei pro Minute. Ich nahm das Krabbennetz, hielt es über das Geländer und stellte mir vor, wie ein glühend weißes Stück Sternenlicht darin landete. Es würde sich geradewegs durch das Netz brennen.

Plötzlich leuchtete hinter mir ein Licht auf, gefolgt von einem leisen Jubeln. Das Leuchtfeuer nahm seine Arbeit wieder auf. Ich schaute hinaus aufs Meer, das so riesig war, auf die Sterne, die so weit entfernt waren, und auf meine Arme mit dem winzigen Krabbennetz.

»Wie blöd«, murmelte ich und ließ das Netz fallen. Ich schlang die Arme um meine Knie und wünschte, Kin wäre hier, um mir zu erklären, was ich sah, wünschte, ich könnte aufhören, an Adrians dummes, tränenüberströmtes Gesicht zu denken, wünschte, ich hätte nicht mehr dieses heiße, Übelkeit erregende Schuldgefühl, das mir den Magen umdrehte.

Und während die Sterne vom Himmel fielen

und Mum nicht zu mir kam,

fühlte ich mich einsamer als je zuvor.

Die Wände bewegten sich. Sie wölbten sich und pulsierten, schwarzer Schimmel fraß sich daran empor, bis die Wände so dunkel waren wie der Ozean. Der Hai rührte sich – riesig, langsam, unaufhaltsam. Die Bodendielen knarrten, als er von unten dagegendrückte, seinen Leib nach oben schob, bis die Dielen zersplitterten und sich das Bett erhob, bis der Leuchtturm aus seinem Fundament gerissen wurde. Der Hai tauchte auf und trug uns alle hinaus aufs Meer.

VIERZEHN

Am nächsten Tag wurde alles noch schlimmer. Als ich zum Frühstück nach unten kam, erwarteten mich Mum und Dad mit
strengen Mienen am Küchentisch.

»Setz dich, Julia«, sagte Mum. »Gin hat gerade angerufen.
Adrian ist gestern Abend völlig aufgelöst nach Hause gekommen. Er sagt, du hättest ihn wegen seiner Mutter gehänselt.«

Dads Stirn lag in Falten. »Wie konntest du nur, Julia?«

»Ich habe das nicht gewusst. Ehrlich nicht!«, bekräftigte ich
meine Worte, als Dad ungläubig die Augenbrauen hochzog. »Ich
habe einfach nur geraten, weil er doch bei Gin lebt.«

»Warum hast du das gemacht?«, wollte Dad wissen.

»Weil er Kin gemobbt hat. Er ist schrecklich.«

»Du hättest mit einem Erwachsenen darüber reden müssen.«

»Hab ich ja. In gewisser Weise. Mum hat mir gesagt, was ich tun soll.«

»Was?« Mum schaute verwirrt drein.

»Du hast mir von deiner Freundin erzählt und davon, dass man die Schwäche eines Mobbers finden soll, und ich dachte …«

Dad gab einen zornigen Laut von sich wie ein wütender Bulle. »Also gut, Julia. Ich möchte, dass du diesem Jungen einen Brief schreibst und dich bei ihm entschuldigst.«

»Aber …«

»Kein Aber. Einer hier in diesem Haus muss dir ja den Unterschied zwischen richtig und falsch beibringen.«

»Na, entschuldige mal …«, setzte Mum an, aber Dad redete einfach weiter: »Jetzt gleich. Und ich will ihn lesen, bevor du ihn abschickst.«

In diesem dummen Lied, das wir in der Schule immer singen, heißt es, dass auf Regen Sonnenschein folgt. Aber an diesem Tag, in dieser ganzen Woche, hatte ich das Gefühl, der Regen würde nie aufhören. Abgesehen davon, dass ich den Brief an Adrian schreiben musste, hatte mir Dad auch noch Hausarrest erteilt. Nicht dass ich irgendwo hätte hingehen können, jetzt, wo Kin böse auf mich war.

Das Schlimmste aber war Mum. Als Dad einmal nach Mainland fuhr, um einen Schraubenzieher zu kaufen, musste sie zu Hause bleiben und auf mich aufpassen, obwohl das schöne Wetter und das ruhige Meer buchstäblich dazu einluden hinauszufahren.

»Mir läuft die Zeit davon«, klagte sie. Ich hörte, wie sie mit dem Fuß auf den Küchenboden tippte, während ich mit meinem Buch als Alibi – falls mich jemand erwischte – auf der Treppe hockte und lauschte. »Kannst du dich nicht um sie kümmern?«

»Ich glaube, sie würde lieber mal wieder einen Tag mit ihrer Mum verbringen«, meinte Dad. »Warum nimmst du sie nicht mit raus?«

»Das habe ich dir doch schon gesagt«, fuhr Mum ihn an. »Auf dem Boot ist kein Platz. Sie würde nur im Weg stehen.«

Mein Magen sackte nach unten, geradewegs durch die Stufe unter mir. Ich wusste, dass ich Mum in letzter Zeit ständig auf die Nerven ging, aber bis zu diesem Moment hatte ich nicht geahnt, wie sehr.

»Nicht, um nach diesem verdammten Hai zu suchen«, zischte Dad sie aufgebracht an. »Sondern einfach, um *Zeit* mit ihr zu verbringen, Maura.«

»Aber ich *habe* keine Zeit!« Ich hatte genug gehört. Ich stieg zum Leuchtfeuer hinauf und schleppte mein bleischweres Herz mit.

Dad fuhr kurz darauf los und Mum kam den ganzen Vormittag nicht nach oben, um nach mir zu sehen. In der Zwischenzeit schaute ich aufs Meer hinaus, las das Buch aus der Bücherei, das ich mich nicht traute zurückzugeben, ein zweites Mal und sah den Postboten kommen und gehen. Irgendwann rief Mum mich zum Mittagessen.

Schlecht gelaunt warf ich mich auf einen Küchenstuhl, während Mum dicke Scheiben des Brots abschnitt, das Dad am Morgen gebacken hatte. Die ganze Küche war voller Dampf und es war viel zu heiß hier drin, aber Mum schien es nicht zu merken, nicht einmal, als ihre Brillengläser beschlugen.

Ich überlegte, was ich sagen sollte, als mein Blick auf einen DIN-A4-Umschlag fiel, der an Mum adressiert war. In einer Ecke war das Logo der Universität aufgedruckt. Es konnten keine guten Neuigkeiten sein, sonst hätte mir Mum davon erzählt. Vermutlich wäre sie die Treppe hinaufgetänzelt gekommen, mit einem breiten Lächeln auf den Lippen. Stattdessen war ihr Gesicht gerötet und wirkte wund unter der Sonnenbräune, der Mund zu einem Strich verzogen, so dünn wie der Umschlag.

»Mum …«, setzte ich an, aber dann wusste ich nicht weiter. Sie nahm mich sowieso nicht wahr, sondern öffnete wortlos eine Dose Tomatensuppe und schüttete sie in einen Topf. Während sie darauf wartete, dass die Suppe heiß wurde, stand sie bloß da und starrte aus dem Fenster, das zu beschlagen war, um draußen irgendetwas zu sehen.

Ich tat, als würde ich in meinem Buch lesen – über griechische Götter, die in der Gegenwart auftauchen, um einem Jungen und seiner kranken Mum zu helfen –, aber in Wahrheit beobachtete ich sie. Sie war so undurchschaubar wie das Fenster. Die Schatten unter ihren Augen hatten die gleiche Farbe wie der Schimmel an der Wand hinter ihr. Er schien sich in die viel zu heiße Küche hineinzuwölben, vor meinen Augen zu wachsen, sich aufzublähen wie Adrians Hals, wie etwas, das in den Wänden atmete.

Mum goss die Suppe in zwei Schalen und schmierte Butter auf mein Brot.

»Wir können morgen mit dem Boot rausfahren«, sagte sie plötzlich. »Vielleicht finden wir diese berühmten Otter.«

133

»Was? Ich meine, ja«, sagte ich. Ich war verwirrt, aber die Idee gefiel mir. »Das wäre schön.«

Sie redete weiter über Otter, über Fell, das so dick war, dass ihre Haut niemals nass wurde, über ihre Fähigkeit, Werkzeuge wie zum Beispiel Steine zu benutzen, um Muscheln zu knacken, und ich gab vor, alles in meinem gelben Notizbuch aufzuschreiben, während ich sie in Wahrheit die ganze Zeit im Blick behielt. Ihre Augen schienen sich immer weiter zu entfernen, als würden sie von der Flut ihrer eigenen Stimme hinaus aufs Meer getragen werden.

Als wir gegessen hatten, spülte Mum das Geschirr, während sie dabei wieder aus dem Fenster starrte. Sie seifte gerade die leere Tomatendose gründlich ein, als ich etwas Rotes über das Blech laufen sah.

»Mum«, sagte ich und eilte zu ihr. »Dein Finger.«

Wie in Trance senkte sie den Blick. Sie hatte sich den Finger am Rand der Dose aufgeschnitten und er blutete.

»Igitt«, sagte sie und schwankte leicht. »Tut mir leid, Julia.«

»Du musst dich nicht entschuldigen, Mum. Brauchst du ein Pflaster?«

»Ich mach das schon.« Wieder schwankte sie und stieg dann mit schweren Schritten die Treppe hinauf, als wäre sie hundert Jahre alt. Ich wartete darauf, dass sie wieder herunterkam, aber sie blieb oben. Ich folgte ihr und fand sie in ihrem und Dads Zimmer. Vollständig anzogen lag sie gekrümmt wie ein Fragezeichen auf dem Bett und schlief.

Kurz nach sechs kam Dad heim. Er pfiff unmelodisch vor sich hin, holte eine Tragetasche mit Einkäufen aus dem Auto und grinste breit, als ich ihm die Tür aufmachte.

»Perfektes Timing, Juli-Kätzchen. Wart ihr mit dem Boot draußen?«

»Nein, aber Mum meint, wir könnten vielleicht morgen nach Ottern suchen. Dad …«

»Super!« Er setzte Wasser auf. »Ich komme auch mit. Ich liebe Otter. Als ich noch klein war, da …«

»Dad.«

»Was ist los?« Er schaute sich in der Küche um, sah die gespülten Suppenschalen und den Umschlag auf dem Tisch. Dann seufzte er schwer und stellte die Einkaufstasche ab. »Das war's dann.« Er lächelte mich traurig an. »Geht es ihr gut?«

»Ich glaube nicht. Sie liegt im Bett.«

»Es ist alles in Ordnung, Juli. Sie hat es versucht, nur darauf kommt es an. Es ist eine Schande, aber vielleicht kann sie sich jetzt auf etwas anderes konzentrieren.«

»Aber das will sie nicht«, sagte ich. »Sie will den Hai finden.«

Er fing an, die Einkäufe auszupacken. »Ich glaube, sie braucht jetzt Ruhe, meinst du nicht auch?«

»Kann sein. Aber sie bleibt doch sonst nie den ganzen Tag im Bett. Ist sie krank?« Ich merkte, dass Dad mir etwas verschwieg, und drängte weiter. »Ist es das Gleiche, woran Grandma gestorben ist?«

Dad hielt mitten in der Bewegung inne. »Wieso fragst du das?«

»Weil Mum sagte, dass Grandma die ganze Zeit im Bett war, bevor … bevor sie …«

Dad nahm meine Hand. »Deine Grandma litt an Demenz.«

»Ja, aber davor … War sie da so wie Mum?«

»Es ist alles okay. Mum ist nur sehr müde.«

»Sie ist sonst nie so«, beharrte ich.

Dad zögerte und fuhr sich mit dem Daumen über den Kiefer, wie immer, wenn er nach Worten sucht. Ich wusste, dass er sich wünschte, es wäre etwas, das er in Zahlen ausdrücken könnte. »Mum ist brillant, richtig? Ihr Gehirn ist brillant. Es ist auch sehr kompliziert und manchmal laufen die Dinge einfach falsch. Manchmal fühlt sie sich glücklich, aber irgendwie *zu* glücklich. Wie an dem Tag mit dem Boot, weißt du noch?« Ich nickte und dachte an die Blumen, den Wein, Mums übermäßig strahlendes Lächeln. »Und dann passiert das Gegenteil. Sie wird traurig.«

»Ist sie deshalb im Bett?«

»Ich glaube schon«, sagte Dad. »Diese Forschungssache geht ihr an die Nieren, die Ablehnung, meine ich. Sie hat so hart gearbeitet und jetzt ist ihr Gehirn müde.«

Ich nickte und nahm alles auf, was er sagte. Das erklärte auf eine irgendwie verquere Weise, warum Mum manchmal herumtanzte wie Tigger und dann wieder trübsinnig war wie I-Aah. »Aber sie wird wieder gesund, oder?«

»Aber natürlich«, antwortete Dad im Brustton der Überzeugung. »So etwas braucht einfach Zeit. Wenn wir zu Hause sind, kann sie sich wieder entspannen. Du musst dir keine Sorgen machen, Julia.«

Aber er irrte sich.

Ich musste mir Sorgen machen, große sogar.

Der Hai war wieder da.

Er trug den
Leuchtturm hinaus
aufs Meer, jedes Mal ein
Stück weiter, bis dorthin, wo die
Eisschollen trieben und die Welt von
Kälte zusammengehalten wurde.
Seine Haut war rau wie Rinde, mein
ganzes Zimmer war damit tapeziert.
Er war ein lebender Fels, ein Fossil
mit Kristallen, die in seinen tiefen Augen
funkelten. Blicklos
wandte er sich dem Abgrund zu.
Ich wusste, Mum war bei mir,
still wie ein Stein, aber
ich konnte nicht zu ihr,
konnte sie nicht sehen,
und obwohl ich sie rief,
antwortete sie nicht,
bis
der Hai
unter
das Eis schwamm und
uns alle in die Tiefe riss.

FÜNFZEHN

»Julia.« Dad schüttelte mich sanft. »Wach auf, Julia.«

»Was?« Benommen setzte ich mich auf. Dad schaltete die Lampe auf meinem Nachttisch an. Ich blinzelte. Meine Uhr zeigte zehn Minuten nach Mitternacht, aber Dad war angezogen, trug sogar Mantel und Handschuhe, und seine schweren Stiefel hinterließen Dreckspuren auf dem Boden. »Warst du draußen?«

»Du musst aufstehen«, sagte er. Obwohl er mit ruhiger Stimme sprach, spürte ich die Spannung im Raum knistern. »Es ist alles in Ordnung, aber du musst dich anziehen und mitkommen. Ich bringe dich zu Mr. Ginley. Ich habe ihn gefragt, ob er herkommen könnte, aber dann wäre sein Enkel allein zu Hause.«

»Adrian? Ich kann da nicht hin.«

»Es ist alles okay«, versicherte Dad mir noch einmal. »Er ist nicht böse auf dich.«

Je öfter er mir sagte, dass alles in Ordnung sei, desto klarer wurde mir, dass etwas ganz und gar nicht stimmte. »Warum?«

»Ich musste Mum wohin bringen. Es wird alles gut, aber es konnte nicht bis morgen früh warten.«

Ich blickte auf seine Stiefel, die er nicht zugeschnürt hatte. »Wo warst du?«

»Komm jetzt.«

Ich war zu verwirrt, um die richtigen Fragen zu stellen. Ich kämpfte mich aus dem Bett und zog an, was ich gerade in die Finger bekam. Dann nahm ich mein Notizbuch und ging mit ihm nach unten. Nudel miaute und rieb sich an unseren Knöcheln.

»Kann ich sie mitnehmen?«

»Wir sind bald wieder da«, erklärte er, »und Mr. Ginleys Enkel ist allergisch gegen Katzen.«

War ja klar, dachte ich bitter und bückte mich, um Nudel hinter den Ohren zu kraulen.

»Ich habe ihre Näpfe gefüllt. Bitte, Julia«, sagte Dad. »Wir haben keine Zeit.«

Es war also sehr ernst. Normalerweise war immer Zeit, um Nudel zu streicheln und sicherzustellen, dass sie alles hatte, was sie brauchte, bevor wir irgendwo hingingen, auch wenn es nur für eine Nacht war. Ich schaute zu den Kleiderhaken. Mums Regenjacke hing immer noch da.

Plötzlich bekam ich Angst. »Dad«, sagte ich, »wo ist Mum?«

»An einem sicheren Ort«, sagte Dad. »Bitte, Julia. Ich muss wieder zurück.«

»Zurück wohin?«

Aber er war schon auf dem Weg zum Auto. Ich zögerte nur einen Augenblick, ehe ich Mums Jacke vom Haken nahm und hinter ihm hertapste, nachdem ich die Tür geschlossen hatte.

Mr. Ginley hatte eine Wohnung über seinem Laden. Dort war es warm und überall standen und lagen Muscheln, wie zu Hause in meinem Zimmer in Cornwall. Es roch nach Tabak und Schnaps, was schlimmer klingt, als es ist. Adrian schlief, als ich ankam, worüber ich sehr froh war. Ich sah aus, als hätte ich mich im Dunkeln angezogen. Was ja auch stimmte.

»Vielen Dank, dass Sie das für uns tun, Mr. Ginley«, sagte Dad. »Es ist nur für eine Nacht. Ich hole sie morgen früh ab.«

»Keine Ursache«, antwortete Gin in seiner grollenden, freundlichen Stimme. »Meine Mary hatte auch so ihre Probleme. Ich verstehe das. Ich werde auf die Kleine aufpassen.«

Dad umarmte mich und rannte wieder hinaus in den Regen. Mit einem ängstlichen Stich wurde mir klar, dass er den Motor laufen gelassen hatte. Das tat er sonst nie, niemals, wegen der Luftverschmutzung. Er und Mum sprachen sogar vor meiner Schule irgendwelche fremden Leute an und baten sie, den Motor abzustellen. Es ging also wirklich um etwas Ernstes, um etwas noch Schlimmeres als den Klimawandel.

Gin hatte mir auf dem Sofa ein Bett zurechtgemacht. In der Steckdose neben dem Sofa leuchtete ein kleines Nachtlicht, das Bilder von Delfinen an die Wände warf. »Das mag Adrian am liebsten.« Er zwinkerte mir zu. »Er wird nicht erfreut sein, wenn er merkt, dass ich es ihm gemopst habe.«

Ich speicherte diese Information ab, um Kin davon zu erzählen, doch dann erinnerte ich mich wieder daran, dass wir im Moment keine Freunde waren. Mir war unwohl bei dem Gedanken, dass Adrian so nah war. »Ist er …?«

»Er schläft. Du musst dir wegen der Sache auf der Klippe keine Sorgen machen. Ich versuche, ihn im Auge zu behalten, aber ohne seine Eltern …« Er verstummte. »Ich hoffe, er kriegt die Kurve. Anders als sein Vater.«

»Was ist denn eigentlich los?«, fragte ich zögernd. »Geht es meiner Mum gut?«

»Man kümmert sich sehr gut um sie. Hier, ich habe dir eine Gutenachtmilch gemacht. Ich bin gleich nebenan im Arbeitszimmer«, sagte er und deutete auf eine offene Tür. In dem Raum stand kein Bett – jedenfalls soweit ich sehen konnte –, nur ein Sessel mit einer Decke darauf. »Adrian schläft in meinem Zimmer. Klopf einfach, wenn du etwas brauchst.«

Leise schloss er die Tür und ich legte mich auf das Sofa. Es war breit und ziemlich durchgesessen. Ich schaute den Delfinen nach, die über die Wände sprangen. Obwohl ich mir ganz sicher war, dass ich nicht würde einschlafen können, zog mich mein Körper nach unten und es dauerte nicht lange, da spürte ich, wie die Welt davontrieb.

Schwerfällig schlug ich die Augen auf. Tageslicht sickerte durch die Vorhänge. Auf der anderen Seite des Raums saß Adrian am Küchentisch und beäugte mich misstrauisch.

Ich richtete mich auf und versuchte, mir die Haare glatt zu streichen.

Gin stand am Herd und rührte in einem Topf. »Guten Morgen«, sagte er fröhlich. »Porridge? Ich nehme Salz in meins, aber Adrian mag lieber Erdbeermarmelade.«

Ich setzte mich so weit weg von Adrian wie möglich, was mir nicht wirklich gelang, weil der Tisch noch kleiner war als der im Leuchtturm. Gin stellte eine Schüssel vor mich hin.

»Danke.« Ich pustete auf das dampfende Porridge. »Hat mein Dad schon angerufen?«

»Er kommt gegen zehn Uhr. Tut mir leid, dass wir dich so früh wecken mussten, aber ich schließe demnächst den Laden auf und wollte dir vorher noch etwas zu essen machen.«

Ich nickte. Ich brannte auf Neuigkeiten von Mum, aber in Adrians Gegenwart wollte ich nicht fragen.

»Marmelade? Selbst gemacht«, sagte Gin augenzwinkernd.

Ich nahm zögernd einen Löffel Marmelade in mein Porridge.

»Du musst sie unterrühren.« Adrian beobachtete mich. Er schien nett sein zu wollen. Ich rührte und probierte. »Gut?«

Ich nickte. Es schmeckte großartig.

»Na schön«, sagte Gin und schaute auf seine Armbanduhr. »Ich muss den Laden aufmachen. Ich glaube, Addie will noch etwas sagen. Ich bin unten, wenn du irgendwas brauchst.«

Er zog die Tür hinter sich zu und wir hörten seine Schritte auf der Treppe leiser werden. Adrians Blick war fest auf seine leere Porridge-Schale geheftet.

»Tut mir leid«, sagte er. Ich blinzelte erstaunt.

»Was?«

»Tut mir leid«, sagte er, diesmal ein bisschen lauter. »Ganz ehrlich. Ich gehe heute auch zu Kin und entschuldige mich bei ihm. Ich war ein Blödmann.«

Ich war zu erstaunt, um etwas zu sagen.

»Das ist keine Rechtfertigung, ich weiß«, fuhr er fort, wobei es aussah, als würde er mit seinem Löffel sprechen. »Aber ich war irgendwie eifersüchtig.«

»Auf Kin?«

»Und auf dich.« Er zuckte mit den Schultern. »Auf deine Eltern. Du bist ihnen echt wichtig.«

In meiner Kehle bildete sich ein Kloß. Im Augenblick war ich mir nicht sicher, ob das stimmte.

»Na ja«, sagte Adrian. »Es tut mir leid und das meine ich ernst. Und das mit deiner Mum tut mir auch leid.«

»Was denn?«

»Dass sie im Krankenhaus ist.«

Mein Herz fing an, schmerzhaft zu hämmern. »Was?«

Er zögerte. »Sie ist im Krankenhaus. Auf Mainland.«

Mein Mund blieb offen stehen. »Im Krankenhaus? Warum denn?«

Adrian starrte mich schockiert an. Er war noch blasser als sonst. »Ich dachte, du wüsstest es«, sagte er. »Ich habe meinen Grandpa mit deinem Dad telefonieren gehört. Sie hat irgendwelche Tabletten genommen ...«

»Tabletten?«, wiederholte ich. Das ergab alles keinen Sinn. »Was meinst du?«

»Ich ...« Adrian suchte in seiner Schale nach Worten. »Nichts.«

»Sag's mir«, verlangte ich. Meine Stimme war vor Verzweiflung ganz laut geworden. Er zuckte zusammen.

»Julia ...«

»Sag's mir!« Ich stieß meinen Stuhl vom Tisch weg. Er blieb am Teppich hängen und kippte um. Ich stolperte auf Adrian zu, weil ich unbedingt eine Erklärung haben wollte. Er sprang auf und

144

brachte seinen Stuhl zwischen uns wie einen Schild. Ich merkte, dass ich ihm Angst machte, aber das kümmerte mich nicht.

»Mehr weiß ich nicht, ich schwör's!«, rief Adrian, der sich duckte. »Sie hat Tabletten genommen. Du weißt schon. Ganz viele Tabletten.«

Ein Dröhnen erfüllte meine Ohren. Ich spürte, wie Salz in meinen Augen brannte, und meine Stimme schmolz zu einem Flüstern dahin, wie das Meeresrauschen in einer Muschel. »Sie … sie hat versucht …«

Ich konnte es nicht aussprechen. Konnte es nicht einmal denken. Nicht Mum. Nicht meine Mum. Meine laute und liebe und brillante Mum. Aber so war sie in letzter Zeit nicht mehr gewesen, richtig? Sogar ihr Gesicht hatte sich verändert, je mehr Gewicht sie verlor, genau wie ihr Geruch. Meine Hände fingen an zu zittern und ich ballte sie zu Fäusten.

»Mehr weiß ich nicht, ganz ehrlich. Sie wurde ins Krankenhaus gebracht.«

»Ich muss gehen.« Meine Stimme wurde durch das Dröhnen in meinen Ohren erstickt, als würden dort Wellen gegen einen Strand branden. Vor meinen Augen war alles fleckig und verschwommen wie die Haut des Hais.

»Nein«, sagte Adrian. »Du solltest hierbleiben. Ich hole meinen Grandpa …«

»Ich will jetzt gehen.« Auch in meiner Kehle war Salz, als ob das Meer mich von innen heraus überfluten würde. Die Wände bewegten sich wie in einem von meinen Träumen.

Der Hai war hier.

Der Hai hatte mich gefunden.

»Setz dich, Julia.« Adrian berührte sanft meine Schulter, aber ich stieß ihn weg.

»Ich will jetzt gehen«, knurrte ich und Adrian hob resigniert die Hände.

»Du kannst mein Rad nehmen«, sagte er. »Es steht draußen. Wenn Grandpa dich sieht …«

»Wird er nicht.« Mums Regenmantel lag schlaff auf dem Sofa, zerknittert und leer. Ich erschauderte, als ich ihn anzog. Mums Schlüssel zum Leuchtturm steckte in der Tasche, an dem Ring mit dem Zündschlüssel für das Boot. Ich packte den Ring so fest, dass es wehtat.

»Bist du sicher, dass du nicht doch bleiben willst? Ich könnte Kin holen …«

Würde Kin überhaupt kommen? Er hatte mir klar zu verstehen gegeben, dass er mich wegen dem, was ich zu Adrian gesagt hatte, verabscheute. Alles fiel auseinander, als hätte ich an jenem Abend auf der Klippe an einem losen Faden gezogen. Es war mein *Leben*, das zerbrach. Ich hatte Adrian ins Gesicht gesagt, seine Mum hätte ihn verlassen, weil sie ihn nicht mehr haben wollte, und jetzt hatte meine Mum … sie hatte … sie hatte versucht …

Lag es an mir? Dads Stimme erklang wieder in meinen Ohren. *Es hat nichts mit dir zu tun, Julia.* Aber manchmal erzählten Erwachsene Lügen, und was, wenn Dad gelogen hatte? Die Wände erzitterten, die Dielen rollten, als ob ich in einem Boot stehen würde. Der Gedanke war zu schrecklich, einfach unerträglich. Es musste eine andere Erklärung geben. Mein Herz pochte wild. *Der Hai. Der Hai. Der Hai.*

146

»Ich fände es echt besser, wenn du hierbleiben würdest«, sagte Adrian nervös. Er hatte offenbar Angst, mich zu berühren. »Du siehst gar nicht gut aus.«

Ich schüttelte den Kopf und atmete tief durch, um mein Herz zu beruhigen, doch es wollte sich nicht beruhigen lassen, sondern hämmerte weiter gegen meine Kehle. Ich musste raus aus diesem winzigen Zimmer, weg von Adrian. Ich wollte zu Mum oder zu Dad, aber bis auf Weiteres musste ich mit Nudel vorliebnehmen. Nachdem ich den Mantel eng um mich geschlungen hatte, öffnete ich die knarrende Tür und rannte die schmale Treppe hinunter.

Sie mündete in der hintersten Ecke des Ladens. Die hohen, vollgestopften Regale verbargen mich vor Gins Blicken, der am Tresen einen Kunden bediente. Es war nicht schwer, sich an ihm vorbeizuschleichen. Adrians Fahrrad stand draußen, wie er gesagt hatte. Es war nicht abgeschlossen. Ich warf einen Blick zum Waschsalon auf der anderen Straßenseite, zu der beschlagenen Fensterscheibe und der geschlossenen Tür. Zu gerne hätte ich mit Kin gesprochen und mich mit ihm versöhnt. Warum war bloß alles so aus dem Ruder gelaufen? Mein Herz setzte zu einem Sturzflug an und ich stieg in die Pedale.

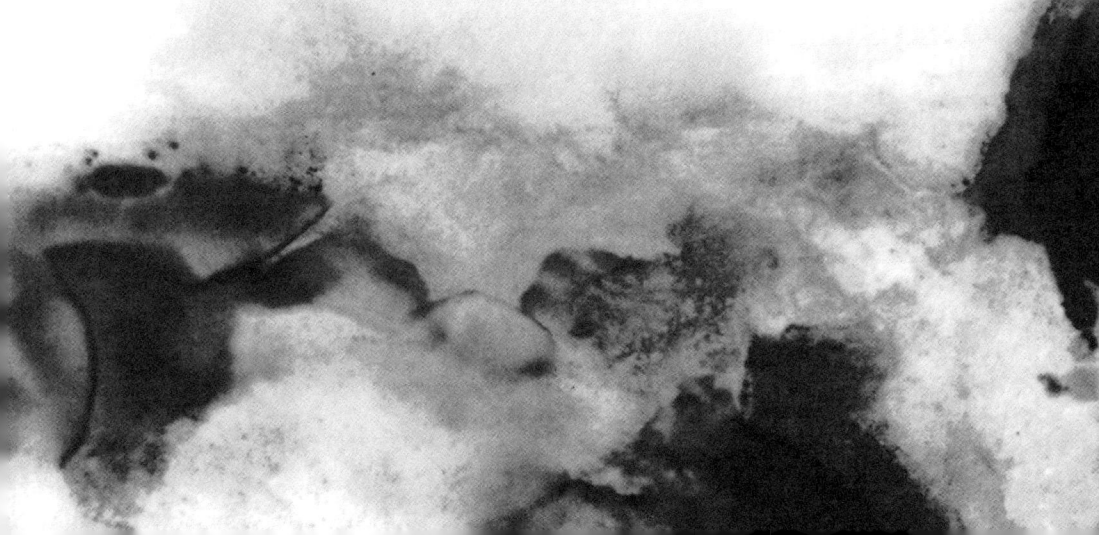

SECHZEHN

Ich wusste, dass Mum und Dad nicht da waren, aber trotzdem wurde mir das Herz schwer, als ich den Schlüssel in dem rostigen Schloss umdrehte und die leere Küche betrat. Nudel kam angerannt und wickelte sich miauend um meine Knöchel und ich nahm mir die Zeit und füllte ihre Näpfe mit frischem Futter und Wasser, wobei ich es vermied, den Schimmel an den Wänden anzusehen. Meine Hände zitterten immer noch und mein Körper fühlte sich wackelig an, während ich zwei Stufen auf einmal nehmend die Treppe hinaufrannte.

Vor ihrem Schlafzimmer blieb ich stehen. Seit ich Mum dort zusammengekauert auf dem Bett hatte liegen sehen, war ich nicht mehr drin gewesen. Ich zögerte, aber Nudel, die sich satt gefressen hatte, kam zu mir hoch und schob ihren Kopf in den offenen Türspalt. Dann spazierte sie ins Zimmer, sprang auf den Schreibtisch und rollte sich auf den Rücken, damit ich ihr den Bauch kraulen konnte. Ich folgte ihr, wobei ich mit den Tränen kämpfte, als ich mich nach irgendwelchen Spuren umschaute, nach einem Hinweis auf das, was mit Mum passiert war, warum sie es getan hatte.

»Was mache ich jetzt?«, fragte ich Nudel leise. Meine Stimme bebte ebenfalls. Sie miaute und ich kam zu ihr an den Schreibtisch, auf dem kreuz und quer die Absagen der Universitäten lagen. Ein Gegenstand durchbrach die Monotonie aus weißem Papier und schwarzer Schrift: ein Foto.

Mum war jünger, trug ein blaues, geblümtes Kleid, die Haare offen, die Arme um ihren vorgewölbten Bauch geschlungen. Um mich.

Sie wandte sich von der Kamera ab und ihr Gesicht war leicht verschwommen, aber trotzdem konnte man den Ausdruck darauf noch gut erkennen. Ihre Augen lagen vor lauter Traurigkeit tief in den Höhlen, wie in den vergangenen Tagen, und ich erinnerte mich daran, dass Dad mir gesagt hatte, es sei ihr nach dem Tod ihrer Mum sehr schlecht gegangen. Als sie mit mir schwanger war. Aber sie sah mehr als schlecht aus. Sie wirkte eingefallen. Geschrumpft.

Ich erschauderte und vergrub das Foto ganz unten in einer Schublade. Als ich es mit der Oberseite nach unten legte, sah ich, dass auf der Rückseite etwas in grüner Tinte geschrieben stand.

Nie wieder.

Mir stockte der Atem. Da war er, der Beweis, den ich nicht hatte finden wollen … meinte sie damit, dass sie nie wieder ein Baby haben wollte?

Meinte sie mich?

Klopf, klopf, klopf!

Ich rannte die Treppe hinunter und hastete zur Tür. Das war bestimmt Dad, vielleicht sogar Mum …

»Kapitän Björn?«

Er hatte die Hand erhoben, um noch einmal zu klopfen, und ließ sie nun sinken.

»Hallo, Julia«, sagte er mit seiner freundlichen Stimme. »Ist deine Mutter da?«

Mir fiel ein, dass sie gesagt hatte, er würde nicht an ihre Forschung glauben. »Nein«, sagte ich stirnrunzelnd.

»Ah. Kommt sie bald zurück?«

»Nein.«

»So ein Pech«, sagte er seufzend. »Wirklich schade. Gibt es eine Möglichkeit, sie zu kontaktieren?«

»Nein.« Ich kniff die Augen zusammen. »Warum?«

»Der Hai«, sagte er und mein Atem verfing sich in meiner Brust. »Man hat einen gesehen, gar nicht weit von hier. Direkt unter der Oberfläche, vermutlich war er auf Beutezug. Ich würde ja selbst rausfahren, aber ich muss nach Oban.« Er hielt mir einen Zettel hin. »Ich habe die Koordinaten aufgeschrieben. Er ist mittlerweile natürlich weitergeschwommen, aber nicht weit. Sie bewegen sich langsam …«

»Eine halbe Meile pro Stunde«, sagte ich zitternd.

Er nickte. »Genau. Wenn sie innerhalb der nächsten Stunde losfahren kann, hat sie gute Chancen, ihn noch heute Abend zu finden.«

Ich nahm ihm den Zettel mit zitternden Fingern aus der Hand. Kapitän Björn lächelte mich an und wandte sich zum Gehen. Doch dann besann er sich und drehte sich noch einmal um.

»Kannst du ihr bitte auch ausrichten, dass es mir leidtut?«, murmelte er reumütig. »Anfangs war ich ja skeptisch, aber … es ist eine Schande, dass keine Universität ihre Forschung finanzieren will. Wenn ich es gekonnt hätte, hätte ich noch länger umsonst gearbeitet. Aber ich muss an meine Mannschaft denken und an ihre Familien. Und an meine.«

Jetzt zitterte ich am ganzen Körper. In meinen Ohren rauschte das Wasser und der Boden unter meinen Füßen schwankte. Kapitän Björn runzelte die Stirn. »Du bist doch nicht allein hier, oder?«

»Nein«, log ich. »Mein Dad ist oben.«

»Kann ich vielleicht kurz mit ihm reden?«

»Geht nicht, er arbeitet«, sagte ich schnell. »Da darf ich ihn nicht stören.«

»Also schön«, sagte Kapitän Björn. »Tja, ich wünsche dir alles Gute, Miss Julia. Ich hoffe, dass deine Mum und ich wieder Freunde werden und ich mal wieder zum Abendessen kommen darf. Dieses Küchenschrank-Risotto war ziemlich lecker.«

Er lächelte warmherzig und ging davon. Ich schloss die Tür und faltete den Zettel auf.

Plötzlich begriff ich, was Dad an Zahlen so toll fand. Hier war er, der Hai, nach dem Mum die ganze Zeit gesucht hatte. Ich strich den Zettel glatt und kramte in Mums Jackentasche nach dem Schlüssel der *Julia & der Hai*.

Das Brausen in meinen Ohren verstummte. Der Boden hörte auf zu schwanken. Mein Herz schlug in einem entschlossenen Rhythmus, wie eine Art Kriegstrommel. Ich stellte mir vor, wie der Hai unter mir schwamm, langsamer als die Zeit. Er war mir an Land gefolgt und jetzt würde ich ihn wieder zurück ins Meer jagen. Ich würde ihn finden, für Mum. Ich würde ihr beweisen, dass ich an sie glaubte, auch wenn es sonst niemand tat. Ich konnte alles wieder ins Reine bringen, konnte Mum stolz machen, damit sie glücklich war, dass sie mich hatte. Ich wusste, was zu tun war.

SIEBZEHN

Die *Julia & der Hai* schaukelte sanft wie eine Möwe auf dem Wasser. Das Boot hatte kaum Tiefgang. Mit Nudel auf dem Arm watete ich vorsichtig hinaus und kletterte hinein. Dann zog ich den Anker am Heck hoch. Hoffnung flutete meine Brust, während ich den Zettel mit den Koordinaten aus der Tasche zog, die Kapitän Björn notiert hatte.

$$63°30'31.7"N \quad 02°9'17.1"W$$

Ich befestigte sie an dem Klemmbrett neben der riesigen, zusammengefalteten Seekarte und gab sie sorgfältig in das Navigationssystem ein. Jede Ziffer war wichtig und nur eine falsche Zahl konnte dazu führen, dass ich meilenweit vom Kurs abkam.

Das Display erwachte zum Leben und Nudel sprang zufrieden schnurrend auf die gepolsterte Bank. Einen Augenblick lang fühlte ich mich von all den blinkenden Lichtern und dem kreiselnden Kompass völlig überfordert, aber dann atmete ich dreimal tief durch, wie Mum es mir beigebracht hatte.

»Die meisten Anzeigen sind nicht wichtig«, hatte sie gesagt.

»Du musst nur die hier beachten: Das hier ist für ›vorwärts‹, das hier für ›anhalten‹. Das bedeutet ›wenden‹. Und das hier ›Hilfe‹.«

Ich drehte am Steuerrad und richtete den Bug aufs offene Meer. Dann fuhr ich aus der Bucht. Eine halbe Ewigkeit lang schaute ich nicht zurück, sondern hielt den Blick auf den beständig sinkenden Horizont gerichtet. Nach etwa einer Stunde erwachte das Funkgerät knisternd zum Leben.

»*Julia & der Hai*, hier spricht der Hafenmeister. Bitte nennen Sie Ihren Zielhafen.« Ich sauste zum Funkgerät und verstellte meine Stimme, während ich den Transmit-Knopf drückte und das sagte, was ich Mum sagen gehört hatte.

»Hallo, Hafenmeister, hier ist die *Julia & der Hai*.«

»Welchen Hafen steuern Sie an?«

Ich zögerte. »Oban.«

»Ich möchte Sie informieren, dass wir einen Sturm aus Südwesten erwarten, mit zunehmender Druckzone. Es wäre ratsam umzukehren.«

Da ich nicht die Absicht hatte, auch nur die Richtung nach Oban einzuschlagen, wischte ich jeden Anflug von Sorge weg, bevor sie sich festsetzen konnte.

»Negativ«, antwortete ich und ahmte die Besatzungsmitglieder des U-Boots aus dem Film nach, den Dad so mochte. »Ich bleibe auf Kurs.«

»Ist notiert«, sagte der Hafenmeister. »Gute Fahrt.«

»Roger«, sagte ich und zuckte zusammen, als der Mann am anderen Ende der Leitung kicherte.

»Eigentlich heiße ich Pete. Lassen Sie das Funkgerät eingeschaltet.«

Das Boot machte gute Fahrt auf dem ruhigen Meer und schnitt hinter dem Heck eine schaumige Spur durch das Wasser, die gleich darauf wieder wegschmolz. Als ich schließlich einen Blick über die Schulter warf, war das Land verschwunden. Nur die See, wohin man blickte.

So weit oben im Norden waren die Sommertage länger und ich fuhr immer weiter auf nördlichem Kurs in Richtung Arktis. Kapitän Björn hatte gesagt, dass Mum den Hai bis zum Abend finden konnte. Und das konnte ich auch.

Unser Proviant bestand lediglich aus einer sehr braunen, sehr weichen Banane und einer genauso weichen Orange. Beides hatte ich in der Obstschale gefunden. Dann noch zwei Dosen mit Ölsardinen aus dem Küchenschrank. Da wir zu Hause in Cornwall keinen Fernseher hatten, war ich Langeweile gewohnt, obwohl es ziemlich schwierig ist, sich zu langweilen, wenn man nur zusammen mit einer Katze aufs offene Meer hinausfährt.

Meine Gedanken kehrten immer wieder zu Mum zurück; wie Haifischflossen die Wasseroberfläche durchschnitten sie jeden anderen Gedanken, der mir in den Sinn kam. Und jedes Mal unterdrückte ich sie. Wenn ich den Hai fand und ihr davon erzählte, würde alles gut werden. Sie würde wieder glücklich sein. Sie würde wieder meine Mum sein.

Auch Retter werden hungrig. Porridge zum Frühstück war eine gute Idee gewesen, und erst als die Uhr auf dem Armaturenbrett des Boots kurz nach drei anzeigte, knurrte mein Magen. Nudel fing um diese Zeit ebenfalls an zu miauen. Sie hatte den Pelz gesträubt, um sich warm zu halten. Es fühlte sich salzig und klebrig an, als ich sie streichelte.

Wir waren jetzt schon seit über sechs Stunden auf dem Wasser. Nachdem Dad um zehn Uhr bei Gin gewesen war, hatte er bestimmt im Leuchtturm nachgesehen. Zu spät fiel mir ein, dass ich eine Nachricht hätte hinterlassen sollen. Aber dafür war keine Zeit mehr gewesen. Ich musste noch einige Stunden fahren, bis ich den Hai erreichte. Schuldgefühle verhedderten sich in meinen Gedanken, aber ich streifte sie ab. Dad würde klarkommen. Es war Mum, um die ich mir Sorgen machen musste.

Mein Bauch grummelte wieder. Ich überprüfte, ob das Steuer auf Kurs war, setzte mich auf die gepolsterte Sitzbank und zog die Vorräte zu mir. Ich wusste, dass ich nur wenig essen durfte und den Rest für später und für die Heimfahrt aufheben sollte, aber plötzlich war die Banane weg und dann die Orange, und Nudel leckte die Sardinendose sauber. Sie miaute und wollte mehr und ich musste die zweite Sardinendose mit ihr teilen. Mit dem Finger schleckte ich die Dose aus.

»Das war keine so gute Idee«, sagte ich zu Nudel, aber sie beugte sich nur nach hinten und putzte sich den Po. Katzen hielten wohl nicht viel vom Rationieren.

Es wurde allmählich kalt, obwohl es immer noch hell war. Ich suchte die kleinen Schränke unter dem Sitz ab und fand Decken für Nudel, die Leuchtkugeln, die Dad für Mum gekauft hatte, und eine ganze Packung Würstchen im Teigmantel. Froh und dankbar verstaute ich sie in Reichweite des Steuerrads. Als ich den Schrank wieder schließen wollte, entdeckte ich eine Schachtel Tabletten. Sie war leer und mir drehte sich der Magen um, als ich daran dachte, wie Adrian gesagt hatte, Mum habe »ganz viele« Tabletten genommen. Ich beförderte die Schachtel mit einem Fußtritt in den hintersten Winkel des Schranks und schlug die Tür zu.

Nudel vergrub sich in der Decke und kuschelte sich so tief ein, dass nur noch ihre rosige Nase aus dem leicht modrig riechenden Stoff ragte. Ich schob eine Hand unter meine Achsel und zog den Ärmel von Mums Regenjacke über die andere Hand am Steuerrad. Ich stellte mir vor, ich wäre sie, so wie sie früher war – mutig und brillant –, und hörte sofort auf zu zittern.

Die Stunden zogen sich dahin. Ich sah nichts außer Möwen und ein paar Seehunden. Ich verschränkte die Arme und beobachtete die blinkenden Lichter des Navigationssystems. Das leise Piepen des Radars war wie ein Schlaflied und die sanften Wellen wiegten mich in den Schlummer. Ich legte den Kopf in den Nacken, nur für einen Augenblick.

Das Funkgerät knisterte wie zerknüllte Alufolie. Taumelnd sprang ich auf, stolperte über die Decke und hörte Nudel miauen.

»Nudel«, sagte ich tadelnd. »Warum hast du mich nicht geweckt?«

Sie musterte mich mit funkelnden Augen.

Es war dunkel, tiefe Nacht, aber es gab keine Sterne, nichts außer einer dicken Wolkendecke. Ich wünschte, ich könnte Dhruva Tara sehen, Polaris, den Polarstern, den Lodestar.

Ich schaute auf die Uhr – 23:39 – und dann auf die Koordinaten: 63°30'31.7''N 0°29'17.1''W.

»Wir sind da«, sagte ich und schaute zur Sicherheit auf der Karte nach. »Wir sind da!«

Ich schrie es laut hinaus, meine Stimme stieg auf und verhallte im Nichts. Ich schluckte und blickte mich um. Nichts und nichts und nichts. Als ob ich allein auf der Welt wäre. Oder im Weltall.

Meine Zähne fingen an zu klappern. Das Boot rollte, aber nicht länger wie eine Wiege. Ich sprach in die Stille hinein.

»Es wird Zeit, den Radar einzuschalten«, sagte ich zu Nudel. Das Funkgerät knisterte wieder, aber ich ignorierte es und konzentrierte mich stattdessen darauf, an den Knöpfen zu drehen und die Tiefe zu messen. 500 Meter. Ich schluckte. Ziemlich tief.

Die Wellen waren rauer geworden und warfen das Boot hin und her, als wäre es bloß ein Kieselstein. In der Ferne zuckte ein Blitz auf, und dann grollte Donner. Das war der Sturm, von dem der Hafenmeister gesprochen hatte. Aber er war weit weg, wir würden nicht einmal in seine Nähe kommen.

»Alles klar«, sagte ich zu Nudel. »Alles klar.«

Unbekümmert leckte sie sich die Pfoten, was mich ebenfalls ein wenig beruhigte.

Die Scheinwerfer des Boots fuhren über die aufgewühlte See. Rhythmisch klatschte der Rumpf auf das Wasser. Das Heben und Senken erinnerte mich an eine Berg-und-Talfahrt. Ich wünschte, Mum hätte einen Fachmann beauftragt, das Boot zu teeren, anstatt sich auf mich und Kin zu verlassen. Aber bislang war es dicht geblieben. Die *Julia & der Hai* war seetüchtig. Dad hätte sie nicht aufs Meer gelassen, wenn es anders wäre. Aber … er glaubte ja, Gin hätte die Sache überprüft, was nicht stimmte.

Wieder ein Blitz – und jetzt war ich mir sicher, dass ich mir das nicht einbildete: Das Unwetter kam näher. Ich hörte zwar keinen Donner, aber der Wind war lauter geworden. Er brauste in meinen Ohren und zerrte an Mums Mantel.

»Du kuschelst dich besser da hinten ein.« Ich setzte Nudel ab und schob sie in den Bereich hinter den Pedalen, wo sie sich unter den Decken verkroch.

Ich versuchte, das Zittern meiner Hände zu unterdrücken. Das Licht der *Julia & der Hai* glitt über den Ozean und immer noch waren durch das Geflecht der Wolken, das über mir ständig dichter wurde, keine Sterne zu sehen.

Ich erschauderte. Sturm aus Südwesten, hatte der Hafenmeister gesagt. Aber vielleicht hatte er sich geirrt. Oder vielleicht hatte ich ihn falsch verstanden, denn der nächste Blitz war eindeutig viel, viel näher. Er erleuchtete den endlosen, auf und ab wogenden Ozean und nicht einmal der kreischende Wind konnte das Grollen des Donners übertönen. Es war so laut, dass ich es eher fühlte als hörte, als würde mir der Boden unter den Füßen weggezogen.

Die Gelassenheit, die ich seit meinem Entschluss, den Hai zu suchen, in mir gespürt hatte, löste sich ganz plötzlich in Luft auf. Was hatte ich getan? Ich hatte Nudel hinaus aufs Meer geschleppt, auf der Jagd nach einem Grönlandhai, den nicht einmal meine Mum finden konnte.

Wo eben noch Selbstsicherheit gewesen war, wühlte sich heiße und scharfe Panik durch mich hindurch. Ich hätte bei Gin bleiben sollen. Ich hätte auf Dad warten und von ihm die Antworten auf meine Fragen verlangen sollen. Ein hohes Geräusch schrillte in meinen Ohren. Mir wurde klar, dass ich ein ängstliches Quietschen ausstieß, wie ein in die Enge getriebener Fuchs – ein schrecklicher Laut, der mich mehr in Furcht versetzte als der heraufziehende Sturm. Ich schloss die Augen. Ich durfte jetzt nicht die Beherrschung verlieren. Aus diesem Albtraum würde ich nicht so einfach erwachen.

»Wir müssen hier weg«, sagte ich laut, damit es Wirklichkeit wurde. »Wir müssen zurück.«

Wieder ein Blitz, der sich in meine Augen brannte. Nudel jaulte beinahe so laut wie der Donner.

»Also gut«, sagte ich zu ihr, kniete mich unter das Schaltpult und drückte mich dicht an sie. »Ich bringe uns nach Hause. Es kommt alles wieder in Ordnung.«

Ich tastete nach den Leuchtraketen und schickte eine in den Himmel.

Der Blitz peitschte über das Meer, die Wellen kletterten immer höher, und dann kam der Regen. Er fing nicht an wie sonst, mit ein paar Tropfen als Vorwarnung. Es war, als ob jemand einen riesigen Eimer über dem Boot ausgeschüttet hätte. Ich fühlte, wie das Wasser um meine Knöchel schwappte.

Schnell hob ich Nudel hoch und schob sie in den Schrank
zu Mums Würstchen.

Mit einem leeren Eimer schöpfte ich etwas Wasser aus dem
Rumpf. Aber es war sinnlos. Meine Finger wurden eiskalt,
ich rutschte auf dem glitschigen Boden aus und schlug mit
dem Kopf seitlich an die Sitzbank. Ich spürte das harte Plastik
unter dem Polster an meiner Schläfe. Benommen ließ ich den
leeren Eimer fallen, der daraufhin auf dem Wasser im Boot auf
und ab schaukelte. Meine Schuhe waren völlig durchgeweicht,
meine Füße gefühllos, mein Kopf war heiß. Das Boot auszu-
schöpfen, war keine gute Idee. Wir mussten raus aus diesem
Sturm.

Ich griff nach dem Steuerrad und wollte es schon drehen,
als plötzlich der Radar piepste. Ich erstarrte. Der Wind
biss mir ins Gesicht, während ich die Anzeige fixierte.

Etwas Großes bewegte sich. Etwas Riesiges, nur
wenige Meter vom Boot entfernt.

Mit beiden Händen packte ich die Reling. Die Wellen wirbelten mich hoch und runter und hoben mich von den Füßen, während ich mich an der runden Metallstange festklammerte. Ich konnte rein gar nichts erkennen. Und dann, im Licht eines neuerlichen Blitzes – viel zu nah! –, sah ich eine riesenhafte Gestalt.

Direkt unter der Wasseroberfläche, eine endlose, zerklüftete Weite.

Mir war, als würde der Sturm nachlassen, nur für einen Augenblick. Ich schwang den Bootsscheinwerfer herum und sah grüne Haut voller Narben, so rau wie ein Schiffswrack. Es war unmöglich und gleichzeitig real und der Geruch drang mir so unvermittelt in die Nase wie ein Schlag ins Gesicht. Scharf und verfault und lebendig, tierisch und uralt.

Der Hai.

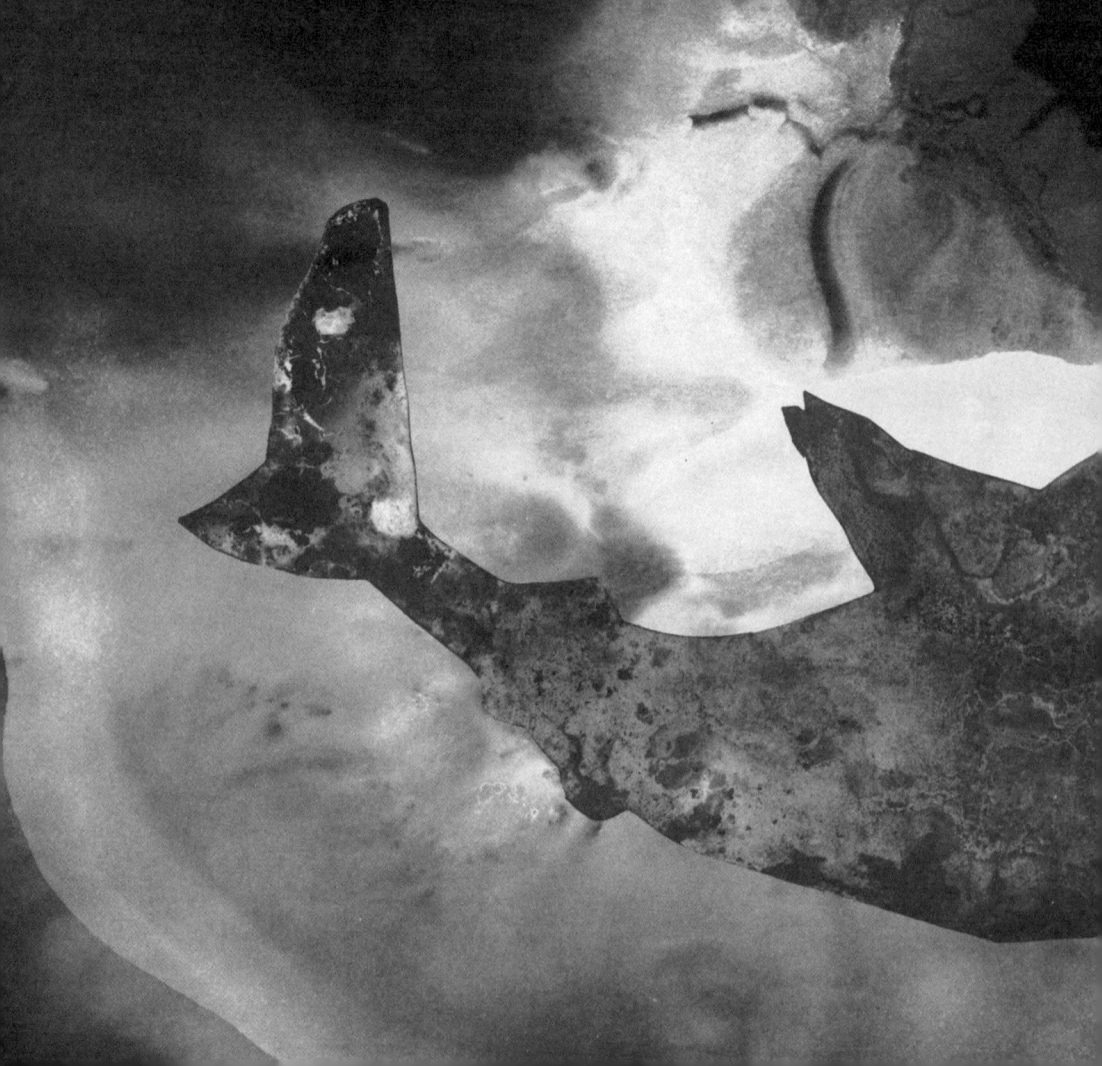

Meine Hände glitten vom Scheinwerfer, der daraufhin zur Seite kreiselte und eine dicke Lichtspur über das Meer zog. Der Hai schien kein Ende zu nehmen, er ging immer weiter und weiter, bis der ganze Ozean aus Hai bestand. Grün und zerfurcht von der Zeit. Ich hätte schwören können, dass ich ein Auge sah, schwarz und glitzernd, voller Kristalle, das sich von dem Bootsscheinwerfer abwandte. Und dann, langsam, ganz langsam, tauchte er ab.

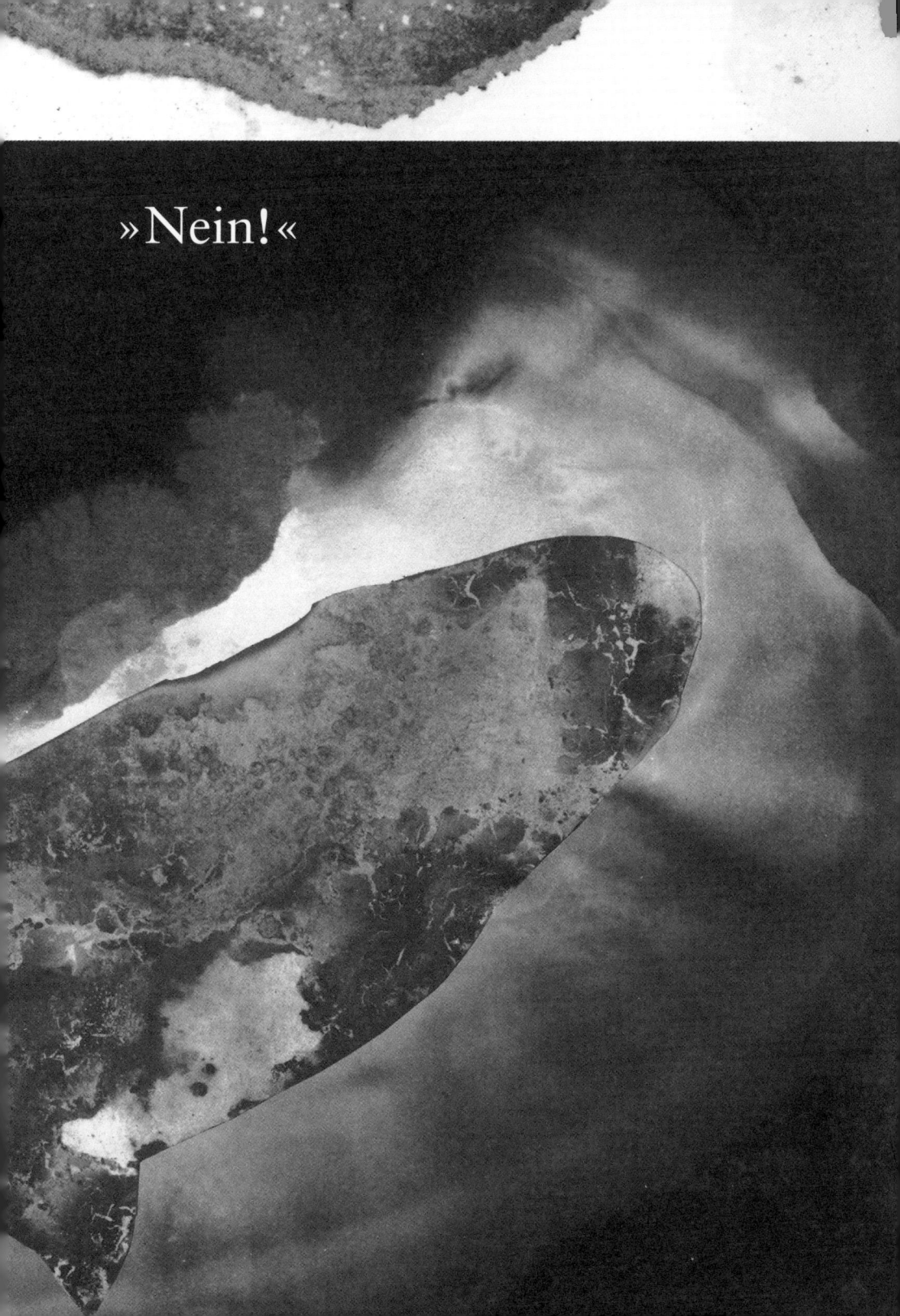

»Nein!«

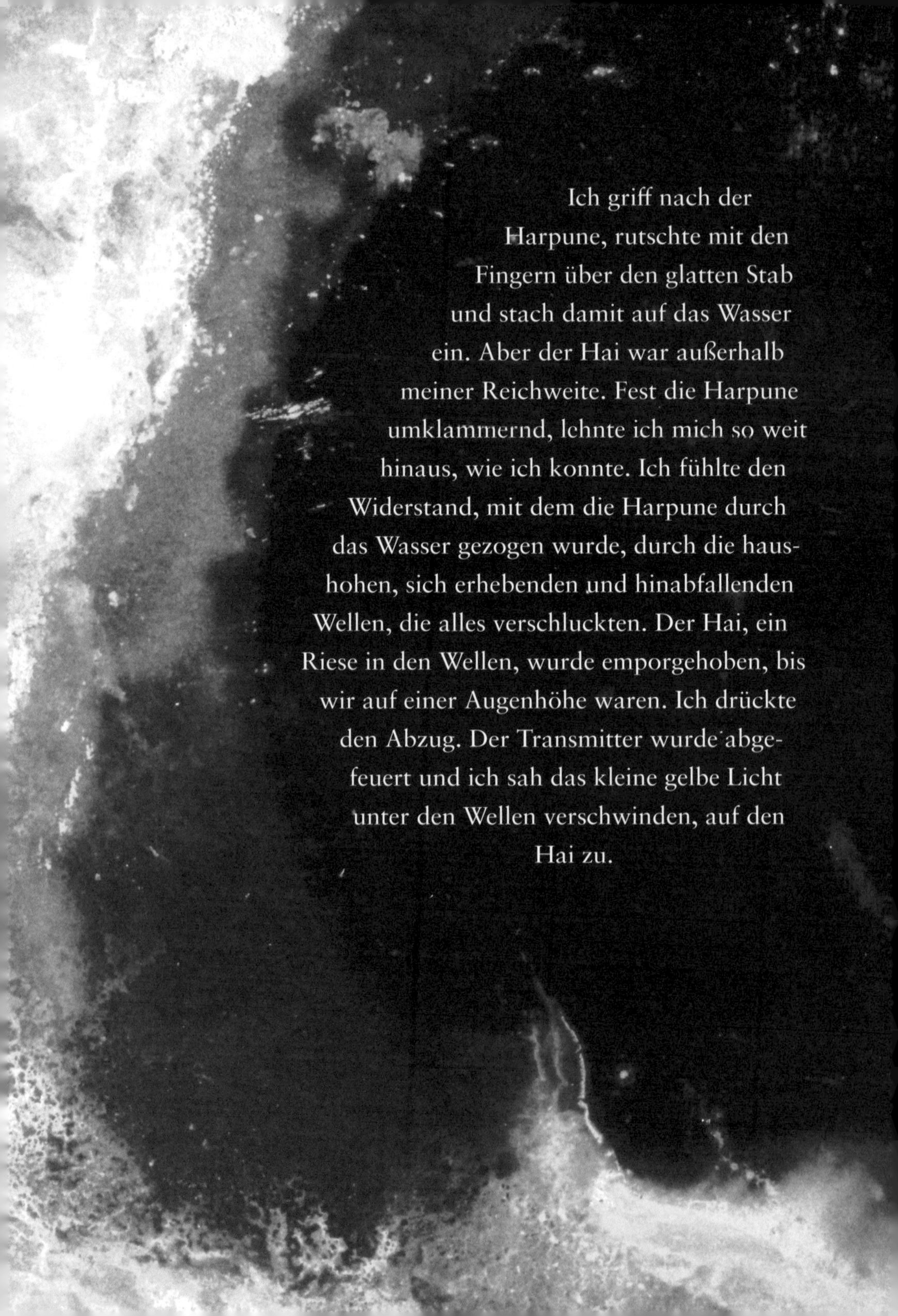

Ich griff nach der
Harpune, rutschte mit den
Fingern über den glatten Stab
und stach damit auf das Wasser
ein. Aber der Hai war außerhalb
meiner Reichweite. Fest die Harpune
umklammernd, lehnte ich mich so weit
hinaus, wie ich konnte. Ich fühlte den
Widerstand, mit dem die Harpune durch
das Wasser gezogen wurde, durch die haus-
hohen, sich erhebenden und hinabfallenden
Wellen, die alles verschluckten. Der Hai, ein
Riese in den Wellen, wurde emporgehoben, bis
wir auf einer Augenhöhe waren. Ich drückte
den Abzug. Der Transmitter wurde abge-
feuert und ich sah das kleine gelbe Licht
unter den Wellen verschwinden, auf den
Hai zu.

Das Boot kippte und innerhalb eines
Herzschlags merkte ich, wie mein Gleichgewicht ebenfalls kippte. Die Welt wirbelte
von mir weg und plötzlich war ich nicht mehr
auf dem Boot. Meine Hand umfasste nicht länger
die Reling. Meine Hand umfasste nichts mehr.
Ein Instinkt sagte mir, ich solle einatmen, und das
tat ich, gerade als sich das Wasser über mir schloss
wie eine eisige Faust und die Wellen mir die Luft aus
den Lungen pressten.

Ich fühlte nichts.

Die Kälte war absolut, alles verschlingend.

So kalt, dass sie beinahe schon wieder warm war.

Der Schmerz in meiner Schläfe verschwand. Alles war still.

Den Donner hörte ich nur noch als gedämpftes Säuseln.

Ich wollte um mich treten, wollte die Arme bewegen,

aber Mums Jacke war mir über die Schultern nach unten

gerutscht.

Sie zog mich in die Tiefe.

Es war nur eine Momentaufnahme,

aber in diesem Augenblick war ich ein Wal, ein Baum,

ein Hai,

die Zeit lief langsamer für mich, während mich die

Jacke

so eng umschlang wie Mums Arme.

Es war so leicht,

nicht mehr um sich zu treten,

viel leichter, als sich wieder an die

Oberfläche zu kämpfen.

Die Kälte war wie eine Wolke,

genauso schwer, so nass und so vollkommen.

Mums Jacke zog sich immer enger um mich

und saugte

mich

nach

unten.

Etwas stupste gegen meine Beine.
Sie waren so taub,
dass die Berührung wie aus weiter Ferne kam.
Eine Strömung, die mich tiefer zog?

Mit Mühe schlug ich meine brennenden Augen auf,
sah Licht, das wie die Sterne die ganze Welt umhüllte.
Es war so kalt. Wieder dieses Stupsen an meinen Beinen.
Und diesmal bewegte ich mich, ich bewegte mich nach oben.
Instinktiv wusste ich, welchen Weg ich nehmen musste,
auch ohne Luft in den Lungen,
die mich zur Oberfläche getrieben hätte.

Vielleicht war es nur das Wasser oder mein Blut, das durch meinen Körper pumpte und gegen die eiskalte See ankämpfte. Aber noch während mein Verstand allmählich den Geist aufgab, fand er eine andere Erklärung.

Es war etwas Raues, Lebendiges, etwas, das schon im Ozean unterwegs gewesen war, als Mozart spielte. Etwas so Seltenes, dass es ins Reich der Legenden verbannt wurde. Es war blind und schön und entsetzlich, es bahnte sich seinen Weg durch die Dunkelheit, durch die Geschichte, durch unseren Leuchtturm und hinein in meine Träume. Es war die Antwort auf Mums Dunkelheit, das Ding, das sie dorthin gebracht hatte und das sie wieder herausbringen konnte. Und jetzt tat es das Gleiche für mich. Und dann waren Lichter im Wasser, echte Lichter, und etwas klatschte auf die Oberfläche. Ein Ring, ein Heiligenschein, dunkel vor den Lichtern, die darüber hinwegzogen.

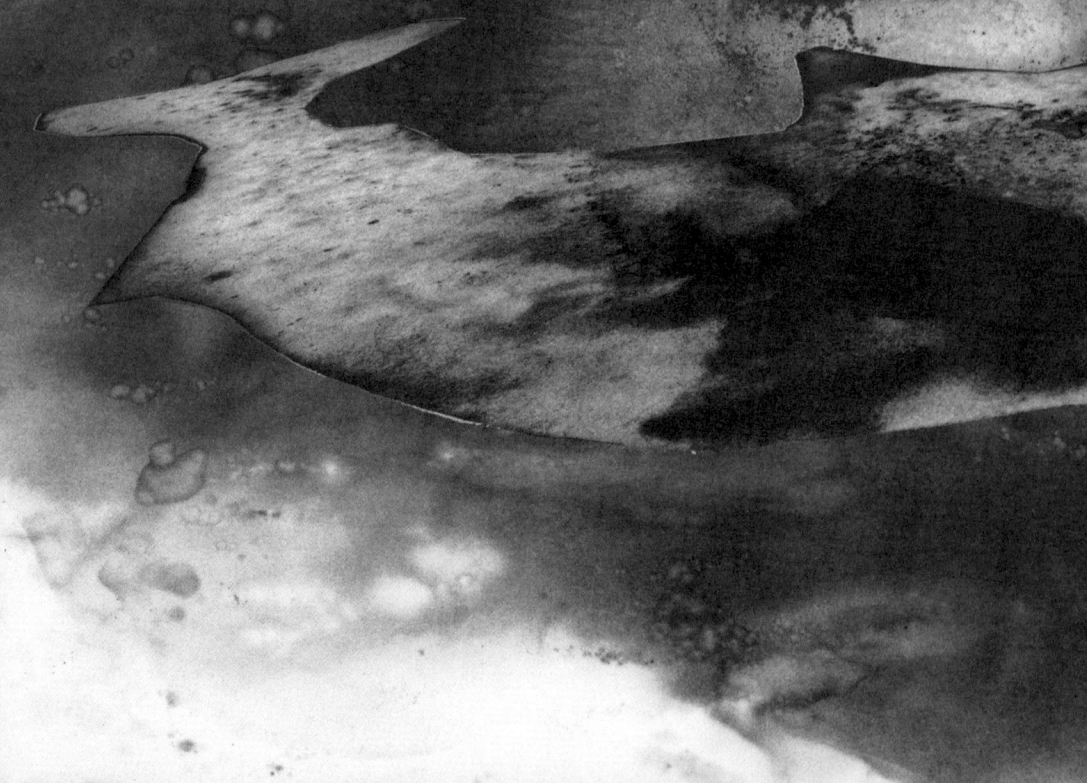

Mums Jacke war so schwer wie eine Tasche voller Steine
und klebte an meiner erfrorenen Haut.

Und obwohl ich es nicht wollte,
obwohl ich sie behalten wollte,
als ob sie Mum wäre und ich sie zur
Oberfläche ziehen könnte,
ließ ich die Jacke über die Schultern
nach unten gleiten.

Ich ließ sie los.

Und dann stieß ich mich ab, hinauf zum Licht.

ACHTZEHN

Ich kann nicht mit Sicherheit sagen, dass ein Hai älter als die Bäume mir das Leben gerettet hatte. Ich habe keinen Beweis dafür, dass er mit seinem riesenhaften Leib in dem eiskalten Wasser unter mich geschwommen ist und mich zur Oberfläche schob, wo Kapitän Björn mit seinem Boot auf mich wartete.

Aber ich bin fest davon überzeugt, dass es so war. Und das ist doch auch etwas wert, nicht wahr?

Kapitän Björn kam gerade noch rechtzeitig. Er hatte Adrian und Kin getroffen, die im Dorf nach mir suchten. Ja, du hast richtig gehört: Adrian und Kin suchten gemeinsam nach mir. Irre, was? Noch irrer als die Behauptung, dass mir ein Hai das Leben gerettet hat, finde ich.

Sie hielten mit dem Teleskop nach mir Ausschau und entdeckten das Fahrwasser der *Julia & der Hai*. Kapitän Björn wusste gleich, dass ich mich allein auf die Suche nach dem Hai gemacht hatte, und fuhr mir nach. Er warf mir den Rettungsring zu und holte Nudel aus unserem Boot.

Ich war bewusstlos und unterkühlt, was bedeutete, dass meine Körpertemperatur so niedrig war, dass ich in Lebensgefahr schwebte. Aber ich bin nicht gestorben, denn Kapitän Björn wusste genau, was zu tun war. Er legte Nudel ganz dicht an mein Herz und sie hielt mich warm, während seine Mannschaft mich so schnell wie möglich an Land brachte. Ein Hubschrauber flog mich ins Krankenhaus, in dasselbe, in dem Mum lag. Die *Julia & der Hai* trieb fast bis in die Arktis und Dad musste eine Menge Geld bezahlen, um das Boot bergen zu lassen.

Er erzählte mir davon, als er einmal lange genug aufhörte zu weinen. Er und Mum saßen die ganze Zeit bei mir, während ich schlief. Mum brauchte dafür eine Sondergenehmigung, weil sie in die psychiatrische Abteilung eingewiesen worden war. Die Station ist hellgelb gestrichen wie der Eidotter von traurigen Hennen und riecht nach Desinfektionsmittel. Der Geruch ist schlimmer als der des Hais, aber im Augenblick ist es dort für sie am sichersten.

Sie nannte mir den Namen für das, was sie hat, für das, was Grandma Julia hatte. Bipolare Störung. Das hat aber nichts mit dem Nord- und dem Südpol zu tun. Ich habe es nachgelesen. Es bedeutet, wie Dad mir erklärte, dass sie zwischen einem überschwänglichen Glücksgefühl und abgrundtiefer Traurigkeit hin und her schwankt. Das Glücksgefühl ist genauso gefährlich wie die Traurigkeit. Das war der Grund, warum sie geglaubt hatte, den Hai ohne Finanzierung finden zu können, ganz ohne Hilfe.

Die Traurigkeit ist so schlimm, dass sie sich überhaupt nicht mehr glücklich fühlen kann und ihr alles furchtbar schwerfällt, wie wenn man durch Morast watet. Sie hatte schon einmal eine Episode – so nennt man das, wenn man sich entweder himmelhoch jauchzend oder zu Tode betrübt fühlt –, als Grandma Julia gestorben und sie mit mir schwanger war. Das bedeuteten die Worte »Nie wieder« auf der Rückseite des Fotos, erklärte mir Dad. Mum wollte sich nie wieder so fühlen. Es hatte überhaupt nichts mit mir zu tun. Trotzdem muss ich mir das immer wieder und wieder sagen. Dass es nicht meine Schuld war.

Als ich Mum das erste Mal sah, nachdem ich den Hai gefunden hatte, war ich sehr müde, weshalb ich gleich wieder einschlief. Aber als ich wieder aufwachte, war sie immer noch da. Sie hatte eine ihrer riesengroßen Strickjacken an und das Armband mit der Nummer 93875400 war der einzige Hinweis, dass sie auch eine Patientin war.

»Ich habe gehört«, sagte sie, »dass du ein echtes Abenteuer erlebt hast.«

»Sieht so aus«, sagte ich. »Ich habe den Hai gefunden.«

Sie strich mir das Haar aus dem Gesicht und küsste mich auf den Scheitel.

»Wirklich!« Ich stemmte mich auf die Ellbogen und versuchte, mich aufzusetzen, aber Mum hielt mich sanft zurück. »Ich habe ihm einen Sender verpasst.«

»Sie haben kein Signal erhalten«, sagte Dad sanft.

»Aber ich habe es mit der Harpune gemacht.« Voller Verzweiflung schaute ich Mum an. »Ich habe ihn gesehen! Ich …«

Ich wollte ihnen nichts von dem Stupsen an meinen Beinen

erzählen, dass ich der Überzeugung war, er habe mich zur Oberfläche gedrückt.

»Ich glaube dir«, sagte Mum.

»Ich habe ihn gefunden«, sagte ich noch einmal.

»Ich weiß«, sagte Mum. »Du warst brillant und klug und dumm. Julia, du hättest … wir hätten …« Sie zog mich an sich. »Du darfst so was nicht tun.«

»Was denn?«

»So etwas Gefährliches. Wie zum Beispiel ganz allein mit dem Boot aufs Meer hinauszufahren, noch dazu in einem Sturm.«

»Das machst du doch auch.«

Ich fühlte, wie sie in meinen Armen erstarrte, und Dad fixierte sie mit einem vielsagenden Blick.

»Ja«, sagte Mum langsam. »Aber ich war krank. Ich *bin* krank, Juli. Meine Stimmungen schwanken, hoch und runter, hoch und runter.«

»Wie die Wellen.«

»Genau.«

Ich schluckte und plötzlich zuckte eine neue Angst in mir auf wie ein Blitz. »Bin ich … werde ich auch …?«

»So wie ich?« Mum streckte die Hand aus und drückte meine. »Nein, Julia. In dir ist auch jede Menge von deinem Dad.« Ich rümpfte die Nase und sie lachte. »Jedes Gehirn ist anders. Aber wenn du dich jemals seltsam fühlst, sag's mir. Du musst dir keine Sorgen machen, Juli. Wir passen auf dich auf.«

Noch vor Kurzem wäre ich wahrscheinlich enttäuscht gewesen, nicht genauso zu sein wie Mum, aber jetzt war ich froh, dass Dads Welt die Zahlen waren. Und Sicherheit und Stabilität.

Es bedeutete, dass ich festen Boden unter den Füßen hatte, auch wenn ich das Meer liebte.

»Wie war das?«

»Als ich diese Dinge tat? Mit dem Boot und dem Sturm?« Ich nickte und Mum seufzte. »Ganz ehrlich, ich habe mich unbesiegbar gefühlt. Unsterblich. Aber das war dumm, denn das bin ich nicht. Ich musste sehr, sehr vorsichtig sein. Und dann, nach all den Höhenflügen, ging es bergab. Ich sank immer tiefer.« Sie nahm meine Hand. »Doch das wird nicht wieder passieren. Ich kenne jetzt die Vorzeichen und ich werde darauf achten, mir nicht mehr so viel zuzumuten. Und ich bekomme Medikamente, die mir helfen.«

»Du wirst wieder gesund«, sagte ich entschlossen. »Du schaffst alles.«

»Für dich«, sagte Mum, »ganz bestimmt.«

»Und für dich selbst, Maura«, flüsterte Dad. »Wir sorgen dafür, dass du in ruhigem Gewässer fährst.«

»Wie die *Julia & der Hai*«, meinte ich grinsend. »Wo ist sie eigentlich gelandet?«

»Gut, dass du mich daran erinnerst«, murmelte Dad. »Ich muss das noch überprüfen.«

Er zückte sein Handy und ging nach draußen, um Kapitän Björn anzurufen. Auf Mainland gibt es nämlich ein Funksignal. Mum schob ihre Hand in meine.

»Wir werden das Boot Kins Familie schenken. Sie können es im Hafen festmachen und als Bücherei benutzen.«

»Brauchst du es denn nicht? Jetzt, wo wir wissen, dass der Hai in der Nähe ist …«

»Julia«, sagte sie mit belegter Stimme. »Ich werde nicht länger nach dem Hai suchen.«

Mit offenem Mund starrte ich sie an. »Aber was ist mit deiner Forschung?«

»Ich liebe meine Arbeit. Und ich liebe dich. Und ich liebe meine Gesundheit. Und im Augenblick muss ich wählen. Und ich habe dich und meine Gesundheit gewählt.«

»Heißt das, dass du keine Meeresbiologin mehr bist?«

»Dummerchen.« Sie stupste mich sanft an. »Ich werde immer eine Meeresbiologin sein. Genau wie ich immer deine Mum sein und auch immer deinen Dad und Nudel lieben werde. Es gibt so viele Unsicherheiten im Leben, aber dies sind die Dinge, die ich ganz sicher weiß.«

Ich warf mich in ihre Arme und drückte sie. Ich glaubte ihr, genau wie sie mir glaubte. Es würde ihr schon bald wieder besser gehen.

»Es könnte sein, dass ich ein bisschen Zeit brauche«, wisperte sie in meine Haare. »Dass ich eine Weile ins Krankenhaus muss, wenn wir wieder in Cornwall sind.«

Obwohl ich sie zu Hause haben wollte, wo sie in der Küche herumtanzen und schon am frühen Morgen dumme Witze reißen konnte, war mir klar, dass sie sich nur deshalb so entschied, weil sie keine andere Wahl hatte.

Ich drückte ihre Hand. »Das geht in Ordnung.«

Und da wurde mir klar, was ich wirklich gefunden hatte, als ich den Hai entdeckte.

Erinnerst du dich noch daran, dass ich am Anfang dieser Geschichte sagte, ich hätte meine Mum verloren? Was ich wirklich

verloren hatte, war die Vorstellung von meiner Mum. Die Vorstellung, dass sie perfekt und unbesiegbar ist und immer recht hat.
Aber so, wie ich den Hai fand, fand ich auch meine echte Mum –
mit all ihren Problemen und ihrem Durcheinander und den Tränen – und ich liebe sie noch genau wie zuvor. Vielleicht sogar
mehr. Du weißt doch, wie das mit den Worten ist: Manchmal
verliert man den Faden, aber sie lassen einem auch viel Raum.

Ich habe auch behauptet, dass ich so werden wollte wie Mum.
Aber jetzt glaube ich, dass das ein Fehler war. Indem ich mir die
ganze Zeit Sorgen gemacht und mich nur für die Dinge interes-
siert hatte, die sie interessierten, verlor ich mich selbst. Mum und
ich sind zwei verschiedene Personen und das ist gut so.

Dad streckte den Kopf zur Tür herein.

»Du hast Besuch.«

Ich brauchte nicht zu fragen, ich wusste auch so, wer es war.

Dad trat beiseite und Kin schob sich an ihm vorbei. Er betrachtete mich durch seinen Pony, die Lippen fest zusammen-
gepresst. Er sah so nervös aus, wie ich mich fühlte, und diese Er-
kenntnis zerbrach meine Furcht wie ein rohes Ei. Ich nickte mein
bestes Neeta-Nicken und seine Miene erhellte sich. Ich weiß, es
klingt abgedroschen, wenn Leute das sagen, aber es stimmt: Er
strahlte wie ein Leuchtturm.

Mum ließ uns allein und es war, als ob es die Begegnung mit
Adrian in jener Nacht auf der Klippe nie gegeben hätte. Kin erzählte mir von ihrer gemeinsamen Suche nach mir und ich erzählte ihm von dem Hai und im Nu war eine Stunde verflogen.
Bevor er gehen musste, zog er ein Notizbuch aus seiner Jackentasche. Es sah ganz anders aus als mein gelbes, das im Meer ver-

sunken war. Es war dunkelblau mit einem goldenen J auf dem Einband.

»Ich dachte, du brauchst vielleicht ein neues.«

Ich nahm das Notizbuch und schlug es auf. Ich wollte nicht nur Wissenswertes über Meereskreaturen hineinschreiben, sondern auch die Legenden der Sterne und Berge und Wälder und vielleicht auch ein paar Zahlen, wenn Dad Lust dazu hatte. Aber zuerst konnte mir Kin die Namen der Sternbilder beibringen.

Ich hatte den unmöglichen Hai gefunden, aber er war nie die Antwort gewesen, nach der Mum gesucht hatte. Die konnte nur sie selbst finden, tief in ihrem Inneren. Es gehörte nicht zu meinen Aufgaben, irgendetwas in Ordnung zu bringen. Oder sie in Ordnung zu bringen.

Jetzt war ich bereit für etwas Eigenes. Etwas, das mir gehören würde. Etwas Neues.

NEUNZEHN

Es ist Februar. Auf dem Boden knistert der Frost. Von Cornwall nach Gretna Green dauert es acht Stunden, aber das ist nichts im Vergleich zu der Reise, die Kin hinter sich hat. Seine Eltern haben ihn hergebracht und dafür brauchten sie fast anderthalb Tage. Obwohl Unst im selben Land wie Gretna Green liegt, ist es eine ganz andere Welt.

Das Timing musste perfekt sein und das ist uns gelungen. Als wir ankommen, warten Kin und seine Eltern schon auf dem Parkplatz. Sogar Neeta ist mitgekommen und diesmal lächelt sie mich an. Ich belasse es trotzdem bei meinem coolen Nicken.

Die Abenddämmerung sammelt sich im Geäst der Bäume über uns und Dad sorgt dafür, dass ich meinen Pullover und meine Jacke anziehe, bevor er mir erlaubt, zu Kin zu rennen und ihn zu umarmen. Seit der Sache mit der Unterkühlung muss ich mich ihm zuliebe immer dick anziehen.

Nachdem wir uns alle begrüßt hatten, führt Mum uns weg von den anderen Leuten, die alle auf der Straße in eine Richtung laufen. Wir folgen einem Trampelpfad zwischen den Bäumen hindurch, hinauf auf einen kleinen Hügel, wo außer uns niemand ist. Dad brummt etwas über »Betreten von fremdem Eigentum«, aber Mum lacht bloß. Sie ist wieder ganz sie selbst, lustig und fröhlich, und sie arbeitet auch, aber von allem nicht so viel, dass wir uns Sorgen machen müssten. Ich halte nach den Wellen Ausschau, nach der rauen See, die Mum beim letzten Mal mitgerissen hat, aber sie scheint auf sicherem Boden zu stehen.

Kins Dad stellt das reparierte Teleskop auf und wir setzen uns auf den Hügelkamm, von wo aus man eine Reihe von Masten überblicken kann, und warten. Der Himmel ist purpurfarben und tiefseeblau und verschmilzt mit dem dunklen Boden. Wir müssen lange warten, und Dad wird zappelig, aber Mum ermahnt ihn zur Geduld.

Kin und ich sitzen etwas abseits. Er erzählt mir, dass die schwimmende Bücherei ein voller Erfolg ist. »Das Boot heißt immer noch *Julia & der Hai*, aber jetzt stehen lauter Regale drin.«

Wir reden über die Schule und darüber, wie es Adrian geht, über Gott und die Welt, obwohl wir fast jedes Wochenende miteinander telefonieren, seit ich wieder in Cornwall bin. Aber es ist nicht dasselbe, wie sich von Angesicht zu Angesicht zu unterhalten. Es war ziemlich einfach, die Freundschaft mit Shabs, Nell und Matty wieder aufleben zu lassen, aber keiner von ihnen versteht mich so wie Kin. Wir sind zwei Wale auf unserer eigenen Wellenlänge.

»Hier«, sage ich und ziehe ein Stück Schnur aus meiner Jacke.

Ein *Rakhi*, weil wir mehr als nur Freunde sind. Es soll ihm zeigen, dass wir zur selben Familie gehören. Ich habe es selbst gemacht, aus blauem und silbernem Band. Blau und Silber. Das Meer und die Sterne, die uns zusammengebracht haben. »Als Dank für das Notizbuch.«

Ich binde es um sein knochiges Handgelenk und wir grinsen.

»Guckt mal, Juli, Kin!«, ruft Mum und deutet mit der Kamera in der Hand voraus.

Es beginnt als Fleck, bloß eine kleine Ansammlung in der Ferne. Es könnte sich um einen Wolkenfetzen handeln, aber es bewegt sich wie Wasser. Ich sage »es«, aber in Wahrheit sind es viele. Es sind Stare, die gemeinsam fliegen und heimkommen, um in den Feldern zu brüten. Sie zeigen das typische Schwarmverhalten, das Mum früher mit Grandma Julia beobachtet hat.

Immer mehr Stare schließen sich zusammen, der Schwarm verdichtet sich und wechselt die Richtung. Kin beobachtet den Schwarm durch das Teleskop seines Dads, aber ich will alles sehen, das ganze Bild, will sehen, wie die Vögel auf und ab wogen, als ob sie unsichtbare Löcher im Himmel flicken würden.

Es sieht aus, als würden sie einem Taktstock folgen,
als ob sie das schon tausendmal geübt hätten.
Ich keuche laut auf, obwohl Neeta es hören kann,
aber das ist mir egal. Die Kälte beißt mir in die Ohren,
das Brausen und Zwitschern der Stare ist ohrenbetäubend,
als würde man im Sturm durch einen dicht belaubten Wald gehen
oder sich in einen eiskalten Ozean stürzen.

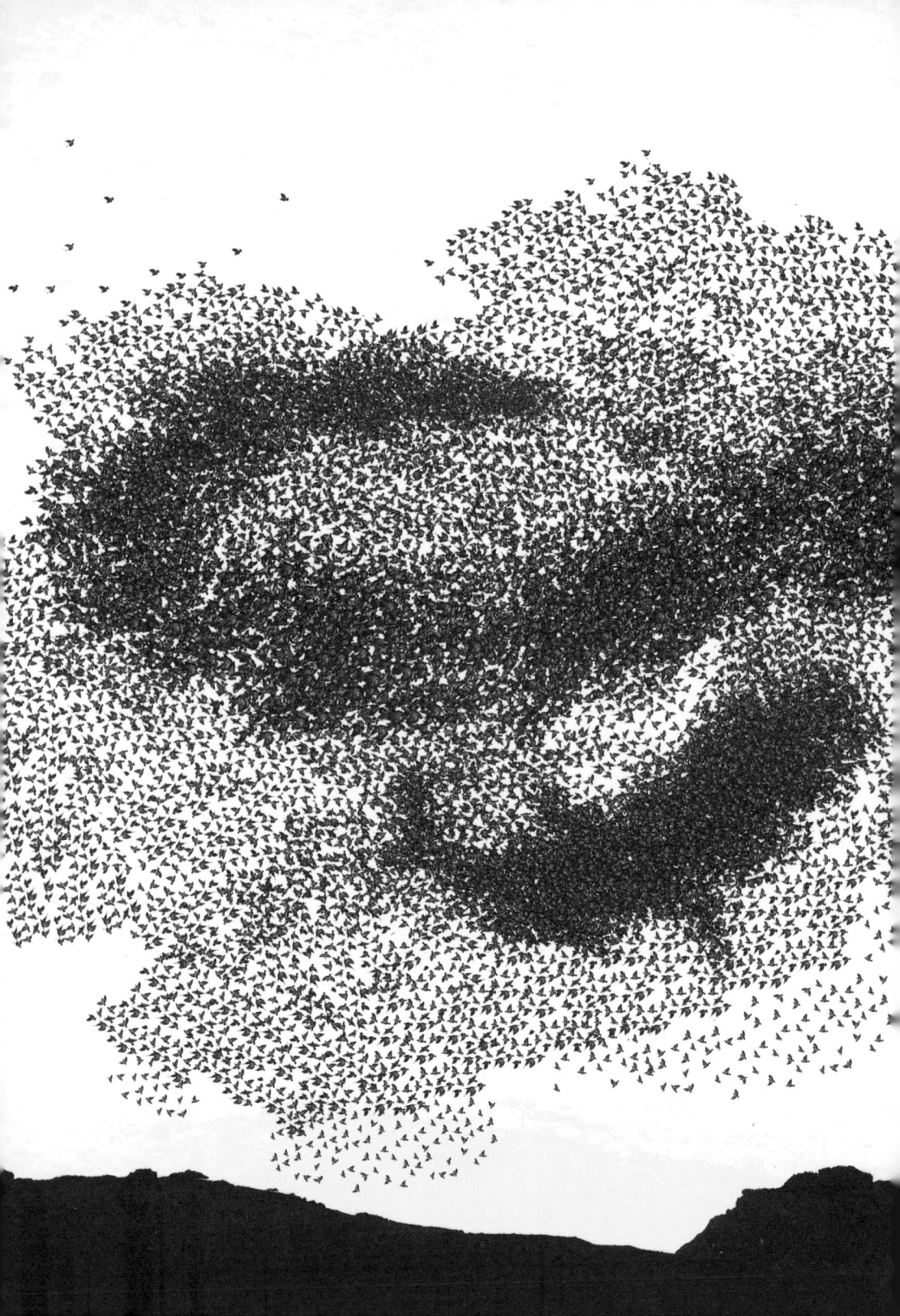

Mum nimmt meine Hand, während die Vögel wie ein Seidentuch schimmern,
sich heben und senken wie Wellen,
bis sie schließlich einen sicheren Hafen zum Landen finden.

DANKSAGUNG

Von all den Geschichten, die wir je erzählt haben, kommt diese besonders aus dem Herzen – und daher auch aus vielem, was andere uns gegeben haben: Liebe, Unterstützung, Glauben und Mut.

Unsere Familien sind unsere Polarsterne und dieses Buch existiert dank ihnen: Eltern, Geschwistern, Großeltern, Nichten und Neffen, Tanten und Onkeln. Unser besonderer Dank gilt Tilly, dem Vorbild für Julia, und Andrea, die unzählige Entwürfe gelesen hat. Danke an euch, Tilly, Fred, Emily, Pippy, Isla, Ted, Leo und Sabine, dass ihr uns jeden Tag allein schon durch eure Existenz inspiriert.

Wir hatten das Glück, mit drei außergewöhnlichen Verlegerinnen zusammenzuarbeiten, und freuen uns auf alle zukünftigen Abenteuer mit euch. Eigentlich ist dieses Buch nicht das Ergebnis von zwei, sondern von drei kreativen Köpfen. Unsere Designerin hat über unsere Worte und Bilder einen ganz besonderen, intensiven Zauber gewebt. Ein echtes Genie!

An unser Team bei Hachette Children's Group: Es ist ein wahres Vergnügen, mit euch zu arbeiten. Wir fühlen uns als Teil der Familie – und mehr noch: als Teil der Magie, die ihr in die Welt der Bücher hinaustragt.

Unser Dank geht auch an Peter Mallet, einen ganz ausgezeichneten Fotografen, der sichergestellt hat, dass auf dem Weg von den Papiervorlagen bis zu den digitalen Dateien nichts verloren ging. Danke an das gesamte Netzwerk, das Toms Kunstwerke umgibt.

Vom ersten Augenblick an hatte Julia einige sehr eifrige Cheerleader. Für ihre ganz frühe Unterstützung des Buchs möchten wir uns bei unseren liebsten Schriftsteller*innen und Menschen bedanken.

Die Gemeinschaft der Kinder-, Jugend- und Erwachsenenautor*innen hat uns und unser Werk auf Händen getragen und war uns zu jeder Zeit eine strahlende Quelle der Inspiration.

Vielen Dank allen Buchhändler*innen, Bibliothekar*innen und Lehrer*innen. Sie sind das Herz der Kinderbuchgemeinschaft und wir sind so dankbar, dass Sie alle Geschichten als das wertschätzen, was sie sind: als etwas, das Leben verändern kann. Wir wissen, dass überall in den Klassenzimmern und Büchereien Menschen hart daran arbeiten, die Liebe zum Lesen zu erwecken: Sie sind die viel zu oft übersehenen Held*innen unserer Branche.

Danke an alle Blogger*innen und Rezensent*innen, die Geschichten weiterverbreiten, meistens einfach aus Liebe zur Literatur.

An unsere Lieben: Daisy Johnson und Sarvat Hasin. Dumme Worte, die nie genug ausdrücken können. Aber wir lieben euch, wir lieben euer Werk, wir lieben die Tatsache, dass wir zu euren Leben dazugehören dürfen. Danke, dass ihr da seid, in guten wie in total miesen Zeiten.

Danke auch an unseren Freundeskreis. Jede*r von euch bedeutet uns so viel.

Danke an drei Kinder, die wir sehr, sehr lieben: Evie, Rowan und Thom.

Und an die Katzen, die unsere Laptops während des Schreibens und Zeichnens beehrt haben: Luna, Oscar – und natürlich Nudel!

Danke an dich, unsere*n Leser*in. Julia hat uns gehört und jetzt gehört sie dir.

An unsere Zwillinge Rosemary und Lavender, von denen wir hoffen, dass sie eines Tages diese Geschichte hören.

Für einander, für alles.

Kiran Millwood Hargrave und **Tom de Freston** lernten sich 2009 kennen, als Kiran Studentin und Tom Artist in Residence an der Universität Cambridge war. Seitdem sind sie ein Paar und arbeiten zusammen. *Julia und der Hai* ist ihr erster gemeinsamer Roman. Kiran ist preisgekrönte Bestsellerautorin und hat bereits mehrere Bücher veröffentlicht. Tom hat viele Jahre als gefeierter Künstler gearbeitet und gibt nun sein Debüt als Illustrator. Mit ihrer Katze Luna leben sie in Oxford, in einem Haus zwischen Fluss und Wald.

QUELLEN

Der Grönlandhai ist ein hervorragendes Beispiel dafür, wie erstaunlich und bizarr die Natur sein kann. Daher ist es von allergrößter Wichtigkeit für uns alle, die Natur – sowohl an Land als auch auf dem Meer – zu beschützen und zu bewahren, denn sie hat eine enorme Auswirkung auf Phänomene wie etwa den Klimawandel. Man muss nicht am Meer leben oder Meeresbiologie studiert haben, um dabei zu helfen, Tiere zu schützen. Nachfolgend aufgelistet findest du ein paar Quellen, mit denen du mehr über die Natur lernen kannst und auch darüber, wie du achtsam mit ihr umgehst:

Kinderseite des **Naturschutzbund Deutschland e.V.**
Der NABU hat bestimmt auch in deiner Nähe eine Zweigstelle, in der du mitmachen kannst.

Die **Naturdetektive des Bundesamts für Naturschutz** bieten Informationen zu vielen Themen, zum Beispiel zur Meeresforschung.

Der **World Wide Fund For Nature** ist eine der größten Natur- und Umweltschutzorganisationen weltweit. Ihr Wappentier ist der Große Panda.

Bei **www.helles-koepfchen.de** findest du unter anderem Wissenswertes zu den Shetland-Inseln.

Julias Mum leidet an einer Krankheit, die *Bipolare Störung* genannt wird. Mit der richtigen Unterstützung kann sie behandelt werden. Es gibt eine ganze Menge Krankheiten des Geistes und der Psyche, und nicht alle sind so gravierend wie das, was Julias Mum durchmacht. Manchmal fühlt sich jeder ein bisschen traurig oder überfordert, und vielleicht weiß man dann nicht, was man tun soll. Wir glauben, dass es unheimlich wichtig ist, ohne Scham oder Verlegenheit über diese Gefühle zu sprechen, denn das ist die einzige Möglichkeit, wie man damit zurechtkommen kann. Wir beide, Kiran und Tom, kennen so etwas aus eigener Erfahrung.

Das Wichtigste ist, die richtige Hilfe zu bekommen, und die einzige Möglichkeit dazu ist, mit einer erwachsenen Vertrauensperson zu reden – etwa mit den Eltern oder einer Lehrkraft. Alternativ kann man eine schulpsychologische Beratungsstelle aufsuchen oder eine der nachfolgenden Adressen nutzen und professionelle Hilfe in Anspruch nehmen. Je mehr man miteinander redet, desto weniger frisst man in sich hinein und desto besser fühlt man sich.

Bei diesen Beratungsstellen findest du Hilfe oder weitere Informationen über die Krankheit, um die es in *Julia und der Hai* geht:

ADRESSEN

Deutschland
Nummer gegen Kummer e.V.
Tel.: 116 111
Anonym und kostenlos vom Handy und aus dem Festnetz
montags bis samstags von 14 bis 20 Uhr
Chatberatung mittwochs und donnerstags von 14 bis 18 Uhr
Mailberatung rund um die Uhr

TelefonSeelsorge Deutschland e.V.
Tel.: 0800 / 111 0 111 oder 0800 / 111 0 222 oder 116 123
24 Stunden täglich. Der Anruf ist kostenfrei.
E-Mail und Chat unter *www.online.telefonseelsorge.de*

Für Betroffene und Angehörige:
Deutsche Gesellschaft für Bipolare Störungen e.V. (DGBS)
Tel.: 0800 55 33 33 55
Der Anruf ist kostenfrei.
Montag und Freitag 10 bis 13 Uhr
Dienstag 14 bis 17 Uhr
Mittwoch 15 bis 18 Uhr
Donnerstag 17 bis 20 Uhr
E-Mail: *mailberatung@dgbs.de*

Stiftung Deutsche Depressionshilfe

Tel.: 0800 / 33 44 533

montags, dienstags, donnerstags von 13 bis 17 Uhr

mittwochs und freitags von 8:30 Uhr bis 12:30 Uhr

Schweiz

147 – Telefonhilfe für Kinder und Jugendliche / Pro Juventute

Tel.: 147

24 Stunden täglich. Der Anruf ist kostenfrei und vertraulich.

E-Mail: *beratung@147.ch*

Österreich

Telefonseelsorge Österreich

Tel.: 142

24 Stunden täglich. Der Anruf ist kostenfrei.

E-Mail und Chat unter *www.telefonseelsorge.at*

Kindernotruf

Tel.: 0800 567 567

24 Stunden täglich. Der Anruf ist kostenfrei.

E-Mail: *kindernotruf@kindernotruf.at*

Unser **Kinderbuch-Newsletter** bietet
alle Infos zu Neuerscheinungen und
tollen **Veranstaltungen**, **exklusive
Gewinnspiele** und vieles mehr!

Jetzt kostenlos abonnieren:
www.loewe-verlag.de